U0623674

·毛泽东谈文论史全编·

顾　问：龙新民　郑欣淼　陈　晋　阎晓宏

读　唐　诗

MAOZEDONG DU TANGSHI

毕桂发　主　编

陈锡祥　副主编

中国文史出版社

图书在版编目（CIP）数据

毛泽东读唐诗 / 毕桂发主编 . -- 北京 : 中国文史出版社 , 2023.12
（毛泽东谈文论史全编）
ISBN 978-7-5205-4575-4

Ⅰ . ① 毛… Ⅱ . ① 毕… Ⅲ . ① 毛泽东著作研究 ② 唐诗 – 诗歌欣赏
Ⅳ . ① A841.691 ② I207.227.42

中国国家版本馆 CIP 数据核字 (2023) 第 245024 号

责任编辑：窦忠如
特约编辑：王德俊　窦广利　赵增越　张幼平　邓文华　张永俊

出版发行：中国文史出版社
社　　址：北京市海淀区西八里庄路 69 号院　邮编：100142
电　　话：010-81136606　81136602　81136603（发行部）
传　　真：010-81136655
印　　装：廊坊市海涛印刷有限公司
经　　销：全国新华书店
开　　本：787 毫米 × 1092 毫米　1/16
印　　张：12.75
字　　数：189 千字
版　　次：2024 年 1 月北京第 1 版
印　　次：2024 年 8 月第 3 次印刷
定　　价：45.00 元

文史版图书，版权所有，侵权必究。
文史版图书，印装错误可与发行部联系退换。

总　序

2023 年 12 月 26 日，是中国人民的伟大领袖毛泽东同志诞辰 130 周年。经过多年酝酿策划和组织编撰，我们于今年正式出版发行《毛泽东谈文论史全编》（以下简称《全编》）以示隆重纪念。

十年前，习近平总书记在纪念毛泽东同志诞辰 120 周年座谈会上的重要讲话中指出："毛泽东同志是伟大的马克思主义者，是伟大的无产阶级革命家、战略家、理论家，是马克思主义中国化的伟大开拓者，是近代以来中国伟大的爱国者和民族英雄，是党的第一代领导核心，是领导中国人民彻底改变自己命运和国家面貌的一代伟人。"同时，毛泽东同志又是世所公认的伟大的文学家、史学家、诗人和作家。在深入学习贯彻党的二十大精神、纪念毛泽东同志诞辰 130 周年的重要时间节点上，组织编撰出版这一大型项目图书，为人们缅怀毛泽东同志的丰功伟绩，学习毛泽东同志的伟人品格、政治智慧和文化思想，提供了一套非常重要的文化历史资料；对于弘扬中华优秀传统文化，学习贯彻党的二十大报告中关于"推进文化自信自强，铸就社会主义文化新辉煌"的重要精神，具有十分宝贵的启示和积极的意义。

在组织编撰这部大型项目图书的过程中，我们坚持以习近平新时代中国特色社会主义思想为指导，认真学习党中央关于历史问题的三个决议精神，特别是十九届六中全会通过的《中共中央关于党的百年奋斗重大成就和历史经验的决议》精神，对全部书稿的政治观点和思想内容进行了认真把关，使其符合三个决议精神，也符合习近平总书记十年来有关论述毛泽东同志历史功绩和毛泽东思想指导地位的重要讲话精神，以及关于学习党史国史和弘扬中华传统文化的重要讲话精神。

《全编》计27种40册1500万字。编撰者耗费数十年心血收集、整理、阐析、赏评，把毛泽东在各个时期的文章、诗词、书信、讲话、谈话中引用、化用、批注、圈阅、点评、编选的古今人物和文史作品，把毛泽东传记、年谱、回忆录中提及或引用和评点的古今人物和文史作品，即使片言只语、寸缣尺楮也收集入册，希望能够集散为专、分门别类，尽量避免遗珠之憾，力求内容全面系统、表述科学客观。

这部《全编》有以下几个特点：

资料齐全。毛泽东同志一生酷爱读书，可以说是博览群书、通古贯今。他曾说："饭可以一日不吃，觉可以一日不睡，书不可以一日不读。"他熟读《二十四史》《资治通鉴》等中国历代著名历史著作，熟读中国历代优秀的诗词文学作品，且不动笔墨不读书，读书时做了大量批注和圈画，还常常在自己的文章、诗词、讲话、谈话中引经据典、巧妙运用，真可谓博学约取、学以致用。这就给我们留下了浩如烟海的珍贵史料。在编著这部《全编》时，我们想最大限度地收集、整理、汇编其所涵盖的各个方面的文献史料，力争做到文献可靠、史料精准，可读性、知识性和趣味性兼具，使其成为研究毛泽东思想特别是毛泽东文化思想的重要资料。

分类精细。毛泽东同志喜欢中国古代文学，阅读、圈评了大量各类体式的文学作品，他的诗词创作尤为脍炙人口。因此，收录《全编》中关于毛泽东同志的文史资料，浩瀚如海，编撰者都进行了认真严格的划分整理，将其分三辑，文学类就有两辑，所占分量最大。比如，编撰者将其细分为评点名诗、名词、散曲、辞赋、小说、散文、戏曲的"毛泽东同志评点中国传统文化赏析"7种19册，以及《跟着毛泽东学诗词》《毛泽东诗话》《周世钊论毛泽东诗词》《毛泽东致周世钊书信手迹》与毛泽东读唐诗、宋词、元曲、古文等的"毛泽东与中国诗词曲赋"8种9册。

评述允当。在这部《全编》中，编撰者将每篇作品分为毛泽东评点、人物、事件评述或毛泽东评点、原文和赏析，力求评述或赏析允妥、适当，即深刻理解毛泽东原文含义，紧扣毛泽东的评点，不作过多发挥，文字力求简明生动。同时，编撰者注重史料收集整理的文献性，兼顾知识性和趣味性，这就使得这部大型项目图书兼具很强的可读性。

这部《全编》还有一个最突出的重要特点，那就是比较集中地梳理和呈现了毛泽东同志的历史自信和文化自信。习近平总书记在纪念毛泽东同志诞辰 120 周年座谈会上的讲话中明确指出，毛泽东同志"是马克思主义中国化的伟大开拓者，是近代以来中国的爱国者和民族英雄"。这个评价反映在毛泽东同志学习和运用、继承和发展中华优秀传统文化方面，鲜明地体现为他的历史自信和文化自信。因此，我们认为这部《全编》的编撰出版，有益于读者更深入体会党的二十大报告论述的"坚持和发展马克思主义，必须同中华优秀传统文化相结合"的重大论断。在这部《全编》中，有关毛泽东圈阅、评点历史人物和文史作品的材料，就很具体地体现了他作为"马克思主义中国化的伟大开拓者"，是如何运用马克思主义的世界观和方法论，去激活中华优秀传统文化的；又是如何通过继承、运用和发挥中华优秀传统文化，为坚持和发展马克思主义提供深厚滋养的。

　　《全编》除了引用毛泽东同志的相关评点外，主要篇幅是介绍、叙述和评论毛泽东同志评点的对象即历史人物和文史作品，所引毛泽东的评点内容都出自公开的出版物并注明出处。从目前已出版的各类关于毛泽东同志的书籍来看，这是目前更加全面系统反映伟人毛泽东同志的一部大型丛书，但每册又可独立成书，以满足不同读者的阅读喜好与多样需求。当然，限于编撰者的水平和时间，这部《全编》的体例编排和文字表述等方面还有改进和完善空间，恳请专家学者和广大读者朋友不吝批评指正。

《毛泽东谈文论史全编》编委会

2023 年 12 月 18 日

目　录

一、毛泽东读唐诗概述

我们要学毛泽东读唐诗，首先必须对唐诗有一个基本了解。

唐诗是我国文学的骄傲，就整个中华文化而言，有所谓唐诗、晋字、汉文章之称；就整个文学来说，有所谓唐诗、宋词、元曲鼎足而三之说。由此可见，唐诗在我国文学史上具有重要地位。

唐代是中国诗歌史上的空前繁荣时期，唐诗代表了我国古典诗歌的最高成就。唐诗数量浩繁，仅清人彭定求等编纂的《全唐诗》收录的作品就达 48900 多首，有姓名可考的作者 2200 多人。今人陈尚君《全唐诗补编》又收入逸诗 4300 余首，残句 1000 余句。

在名家辈出、杰作如林的唐代诗坛上，李白、杜甫、白居易等具有世界声誉的伟大诗人的出现，成为中华民族的骄傲；唐诗开宗立派，影响久远的大家，不下二十人；其余各具特色，在文学史上有一定地位的诗人，也有百人之多。唐诗创作之繁荣，流派之众多，风格之多样，各类诗体日益完备和定型，表现出中国古典诗歌已发展到成熟的阶段。

唐诗繁荣的局面，是在当时经济、政治、文化等特定条件下形成的，也是诗歌自身传统发展的结果。文学艺术的发展，和政治、法律、哲学等其他上层建筑一样，总是以经济的发展为基础的。恩格斯在论及 18 世纪法国和德国哲学繁荣的原因时指出："哲学和那个时代的文学的普遍繁荣一样，都是经济高涨的结果。"[1]

隋末农民大起义对魏晋以来士族庄园经济的摧毁、唐初均田制及其他一些有利于生产发展的措施的推行，促成了唐初一百多年经济的高涨，出

---

[1] 《马克思恩格斯选集》第四卷，人民出版社 1972 年版，第 485 页。

现了我国封建经济发展的一个高峰，成为包括诗歌在内的唐代文化发展的物质基础。

唐代国际文化交流广泛，国内各民族文化的密切融合，唐王朝对思想文化采取相对自由的政策，儒、道、佛思想同时并存，等等，都是促成唐代文化普遍高涨的有利因素。

尤其对诗歌发生直接影响的音乐、绘画、舞蹈等艺术门类，都获得高度的发展。这些艺术品之间的创作精神和原则是相通的，它们互相吸收，彼此促进：画家吴道子曾向张旭学书法，提高了自己的画境；张旭观公孙大娘的《剑器浑脱》舞，"自此草书长进，豪荡感激[1]"；杜甫的名作《观公孙大娘弟子舞剑器行》，诗风也好像雄武健美的舞蹈，二者矫健奔放的气势极其相似。当时，张旭的草书，裴旻的剑舞，李白的诗歌，并称"三绝[2]"，各臻其妙。

所以，可以说，唐代的各种艺术门类共同形成一个时代的高度艺术水平，为唐代诗人从事创作提供了丰富的文化积累和艺术素养。

明人高棅在《唐诗品汇·总序》中说："有唐三百年，众体备矣。故有往体、近体、长短篇、五七言律句绝句等制，莫不兴于始，成于中，流于变，而陊之于终。至于声律兴象、文词理致，各有品格高下之不同。略而言之则有初唐、盛唐、中唐、晚唐之不同。"他把唐诗分为初、盛、中、晚四个时期，比较符合唐诗发展的实际，直到今天仍被广泛沿用。

作为诗人的毛泽东，喜欢读书。他读的书，范围很广，尤其喜欢古典诗词。而在我国浩如烟海的古典诗词中，他特别喜爱唐诗、宋词。据毛泽东逝世后为他菊香书屋图书登记造册的张贻玖女士说："现发现他读过的《唐诗别裁集》有6种，《唐诗三百首》有5种，《古诗源》有5种，《词综》有4种。李贺、罗隐、辛弃疾等诗人的专集，他也分别有好几种。从他圈画批注的藏诗、默诵手书的古诗词，以及他的著作、讲话引用过的古诗词中，汇集成他读过诗词的目录共约1662首；涉及的诗人415名。这

---

① 杜甫《观公孙大娘弟子舞剑器行·序》。
② 《新唐书》卷202《李白传》。

一粗略的统计，不包括他重复圈画阅读的，也不包括他在外地借阅过的，更不包括他解放前阅读过的诗词。毛泽东早在青少年时期便对中国古典诗词怀有浓厚的兴趣，他的族叔毛钟楚是一位有民主主义思想的秀才，在韶山，是他第一个教毛泽东读唐诗的。在长沙读书的那个时期，毛泽东热衷于攻读社会科学方面的书籍外，还熟读唐诗、宋词和《离骚》《九歌》。他的同学们都记得，无论春夏秋冬，毛泽东总比别人睡得晚，起得早，他常常迎着晨曦高声诵读古诗词。据贺子珍回忆，在井冈山的艰苦岁月中，毛泽东以读书为最大的乐趣，特别是读古典诗词；在延安，他多方托人到蒋管区买书。可惜的是，随着岁月的流逝，特别是在解放前的战火硝烟中，有关毛泽东读诗的珍贵史料大都流失，已经渺不可查。所以，毛泽东一生读诗知多少？这是很难得出结论的。"[1]"在他圈阅过的1662首诗中，唐诗有660首，占39%。"[2]

---

　　①② 张贻玖：《毛泽东评点、圈阅的中国古典诗词》，中国工人出版社1992年版，第3、4页。

二、杜甫说，"王杨卢骆当时体，……不废江河万古流"是说得对的

（一）"千余年来，多数人都是拥护初唐四杰的"

毛泽东在读清人项家达编《初唐四杰集·王勃〈秋日楚州郝司户宅饯崔使君序〉》批注说："所以他的为文，光昌流丽之外，还有牢愁满腹一方。杜甫说，'王杨卢骆当时体，……不废江河万古流'，是说得对的[1]。"毛泽东所引杜甫的诗句，见于杜甫《戏为六绝句》之二："王杨卢骆当时体，轻薄为文哂未休。尔曹身与名俱灭，不废江河万古流。"首句"王杨卢骆"，即初唐四杰王勃、杨炯、卢照邻和骆宾王。《旧唐书·杨炯传》："炯与王勃、卢照邻、骆宾王以文诗齐名，海内称为王杨卢骆，亦号为四杰。""当时体"，初唐时的诗文体式。四杰诗文仍未脱离齐梁以来的绮丽的余习，但已初步扭转文学风气。四杰的诗歌，从宫廷走向人生，题材较为广泛，风格也较清俊。卢骆的七言歌行趋向辞赋化，气势稍壮；王杨的五言律绝开始规范化，音调铿锵。骈文也在辞采瞻富中寓有灵活生动之气。正如明人陆时雍所说："王勃高华，杨炯雄厚，照邻清藻，宾王坦易，子安其最杰出乎？调入初唐，时带六朝锦色。"（《诗镜总论》）

"轻薄为文哂未休"，此句是说当时的人讥笑四杰文体轻薄。"轻薄"，轻靡，浅薄。《北史·柳庆传》："近代以来，文章华靡，逮于江左，弥复轻薄。"如《玉泉子》所说："时人之议，杨（炯）好用古人姓名，谓之点鬼

---

① 毛泽东读《初唐四杰集·王勃〈秋日楚州郝司户宅饯崔使君序〉》批语，《毛泽东读文史古籍批语集》，中央文献出版社 1993 年版，第 9—10 页。

簿；骆（宾王）好用数对，谓之算博士。"文，这里泛指诗文。哂，讥笑。

"尔曹身与名俱灭，不废江河万古流"，三句批判了当时哂笑四杰的人，四句肯定四杰的文学成就。尔曹，你们，指哂笑四杰的人。不废，不止。宋人洪迈《容斋续笔》："身名俱灭，以责轻薄子；万古不变，谓四子之文。"说的是对的。史炳解此诗云："言四子文体，自是当时风尚，乃嗤其轻薄者至今未休。曾不知尔曹身名俱灭，而四子之文不废，如江河万古长流。"（《杜诗琐证》）

毛泽东赞成对初唐四杰的看法。其原因是什么呢？他说："为文尚骈，但是初唐王勃等人独创的新骈、活骈，同六朝的旧骈、死骈，相差十万八千里。他是七世纪的人物，千余年来，多数人都是拥护初唐四杰的，反对的只有少数。"[1] 又说："这个人高才博学，为文光昌流丽，反映当时封建盛时的社会动态，很可以读。"[2]

这就是说，毛泽东认为四杰诗歌创作，从内容上"反映当时封建盛世的社会动态"，是好的，值得肯定。王勃诗内容多为酬谢、送别、记游之作。

四杰中的杨炯（650—692），汉族，弘农华阴（今陕西华阴）人，唐朝诗人，初唐四杰之一。高宗显庆六年（661），年仅11岁的杨炯被举为神童，上元三年（676）应制举及第，授校书郎。后又任崇文馆学士，迁詹事、司直。武则天垂拱元年（685），降官为梓州司法参军。天授元年（690），任教于洛阳宫中习艺馆。如意元年（692）秋后改任盈川县令，吏治以严酷著称，卒于任所。因此后人称他为"杨盈川"。

杨炯的代表作是《从军行》，毛泽东没有圈阅。

四杰中的另一位是卢照邻。卢照邻（约636—695），字升之，自号幽忧子，幽州范阳（今河北涿州）人，唐代诗人。与王勃、杨炯、骆宾王并称"四杰"。卢照邻年少时，从曹宪、王义方受小学及经史，博学能文。初为邓王府典签。高宗乾封（666—668）初，出为益州新都尉。秩满，漫游

---

①② 毛泽东读《初唐四杰集·王勃〈秋日楚州郝司户宅饯崔使君序〉》批语，《毛泽东读文史古籍批语集》，中央文献出版社1993年版，第9—10页。

蜀中。离蜀后，寓居洛阳。曾被横祸下狱，为友人救护得免。后染风疾，居长安附近太白山，因服丹药中毒，手足残废。徙居阳翟具茨山下而终。

卢照邻的诗毛泽东虽没有圈阅，但他的名作《长安古意》也是符合毛泽东的论述的。

四杰中骆宾王，毛泽东圈阅了他一首《在狱咏蝉》。

在初唐诗坛上，四杰之外，沈佺期、宋之问也是功不可没。

沈佺期（约656—约714或715），字云卿，相州内黄（今属河南）人，唐代诗人。上元二年（675）进士及第。由协律郎累迁考功员外郎。曾因受贿入狱。出狱后复职，迁给事中。中宗即位，因谄附张易之，被流放驩州。神龙三年（707），召拜起居郎兼修文馆直学士，常侍宫中。后历中书舍人、太子少詹事。沈佺期与宋之问齐名，并称"沈宋"。他们的近体诗格律谨严精密，史论以为是律诗体制定型的代表诗人。原有文集10卷，已散佚。明人辑有《沈佺期集》。

毛泽东曾圈阅沈佺期的《独不见》诗，也是他的代表作。

而对于宋之问，毛泽东则手书过他的《灵隐寺》中"楼观沧海日，门对浙江潮"两个警句。三、四句"楼观沧海日，门对浙江潮"，写从灵隐寺的楼上纵目远眺，可见海上日出，而寺院的大门又正对钱塘江，可以观赏著名的钱塘大潮，足见灵隐地势之高峻，视野之开阔。这里的写寺已明显超出了灵隐本身的范围，将飞来峰、钱塘江乃至东海都聚纳过来，形成壮阔的诗境。对仗工稳，气势雄伟，是历来为人传诵的名句。毛泽东也十分欣赏，故练习书法时曾手术过。

宋之问（656—712），一名少连，字延清。汾州（今山西汾阳）人，父名令文，高宗时为左骁郎将，东台详正学士，善文辞，工书法，膂力过人，时称"三绝"。之问受其父影响，亦善诗文，与"善剖决"的韦善心并称户部"二妙"，与著名诗人沈佺期齐名，并称沈宋。

高宗上元二年（675）举进士，初与杨炯分直内教，历任尚方监丞、左奉宸内供奉等职，常扈从游宴，写过不少应制诗。

媚附于武则天的宠臣张易之。后张易之被杀，中宗复位，于神龙元年（705）被贬为泷州（今广东罗定）参军。不久逃回洛阳。景龙（707—709）

中，迁考功员外郎，诌事太平公主，故见用。及安乐公主权盛，复往谐结，故太平公主甚恨之。当中宗将提拔他为中书舍人时，太平公主揭发他知贡举时受贿，便下迁为汴州长史，未知又改越州长史。在越州（今浙江绍兴）期间，"颇自力为政"。景龙三年（709）六月，中宗崩。景云元年（710）睿宗即位，流放钦州（今广西钦州）。《旧唐书》说："先天中，赐死于徙所。"

总之，初唐四杰的诗作，从思想内容上反映了当时的社会动态，从艺术形式上，有创造，开辟了我国诗歌的一个新时代。

（二）王勃是"英俊天才，惜乎死得太早了"

毛泽东认为王勃是"初唐四杰"中的佼佼者，他在读清代项家达编《初唐四杰集》中王勃《秋日楚州郝司户宅饯崔使君序》（以下简称《饯崔使君序》）一文时，在旁边写了近千字的批语，还在标题前画了一个大圈以示重视。原文如下：

是去交趾（安南）路上作的，地在淮南，或是寿州，或是江都。时在上元二年，勃年应有二十三四了。他到南昌作《滕王阁诗序》说，"等终军之弱冠"。弱冠，据《曲礼》，是二十岁（此处手稿为"二十四岁"）。勃死于去交趾路上的海中，《旧唐书》说年二十八，《新唐书》说二十九（王勃《〈春思赋〉序》说："咸亨二年，余春秋二十有二。"杨炯《〈王子安集〉序》说：王勃先谢，"春秋二十八，皇唐上元三年秋八月"。据此，王勃卒年为二十七岁，即公元650—676年），在淮南、南昌作序时，应是二十四、五、六。《王子安集》百分之九十的诗文，都是在北方——绛州、长安、四川之梓州一带、河南之虢州作的。在南方作的只有少数几首，淮南、南昌、广州三地而已。广州较多，亦只数首。交趾一首也无，可见他并未到达交趾

二、杜甫说，"王杨卢骆当时体，……不废江河万古流"是说得对的

就翻船死在海里了。有人根据《唐摭言》《太平广记》二书断定：在南昌作序时年十三岁，或十四岁。据他做过沛王李贤的幕僚，官"修撰"，被高宗李治勒令驱逐，因为他为诸王斗鸡写了一篇《檄英王鸡》的文章。在虢州时，因犯法，被判死，遇赦得免。这个人高才博学，为文光昌流丽，反映当时封建盛世的社会动态，很可以读。这个人一生倒霉，到处受惩，在虢州几乎死掉一条命。所以他的为文，光昌流丽之外，还有牢愁满腹一方。杜甫说，"王杨卢骆当时体，……不废江河万古流"，是说得对的。为文尚骈，但是唐初王勃等人独创的新骈、活骈，同六朝的旧骈、死骈，相差十万八千里。他是七世纪的人物，千余年来，多数文人都是拥护初唐四杰的，反对的只有少数。以一个二十八岁的人，写了十六卷诗文作品，与王弼（此处手稿为"王逸"）的哲学（主观唯心主义），贾谊的历史学和政治学，可以媲美。都是少年英发，贾谊死时三十几，王弼（此处手稿为"王逸"）死时二十四。还有李贺死时二十七，夏完淳（此处手稿为"夏淳融"）死时十七，都是英俊天才，惜乎死得太早了。

青年人比老年人强，贫人、贱人、被人们看不起的人、地位低的人，大部分发明创造，占百分之七十以上，都是他们干的。百分之三十的中老年而有干劲的，也有发明创造。这种三七开的比例，为什么如此，值得大家深深地想一想。结论就是因为他们贫贱低微，生力旺盛，迷信较少，顾虑少，天不怕，地不怕，敢想敢说敢干。如果党再对他们加以鼓励，不怕失败，不泼冷水，承认世界主要是他们的，那就是会有很多的发明创造。我们近来全民性的四化运动（机械化、半机械化，自动化、半自动化），充分地证明我的这个论断。由王勃在南昌时年龄的争论，想及一大堆，实在是想把这一大堆吐出来。一九五八年党大会上我曾吐过一次，现在又想吐，将来还要吐。①

在《饯崔使君序》中有明确的写作时间交代——"上元二载"即公元

---

① 《毛泽东读文史古籍批语集》，中央文献出版社 1993 年版，第 7—13 页。

675 年。毛泽东估计"勃年应有二十三四了"。也许因为《饯崔使君序》在构思与用词造句上与《滕王阁序》有相似之处,因此毛泽东产生根据前者写作时间来推断王勃在南昌写作《滕王阁序》时年龄的想法。

王勃究竟何时在南昌作《滕王阁序》?历来有两种说法:一为王勃 14 岁去江西看望父亲路经南昌所作,主要根据是序中有"童子何知"一句;二为王勃去交趾看望父亲路经南昌所作,主要根据是序中有"等终军之弱冠"一句。千百年来学者各持己见,两种观点不相上下,竟成一件公案。

毛泽东在熟读《王子安集》的基础上,对王勃诗文创作地点作进一步的推论:"《王子安集》百分之九十的诗文,都是在北方——绛州、长安、四川之梓州一带、河南之虢州作的。在南方作的只有少数几首,淮南、南昌、广州三地而已。广州较多,亦只数首。交趾一首也无,可见他并未到达交趾就翻船死在海里了。"《饯崔使君序》与《滕王阁序》同属王勃在南方作的少数篇章,这增加了两序创作时间前后相隔不会太远的可能性,也就在实际上支持了王勃在南昌作序时年龄的第二种说法。

毛泽东对第一种说法也不完全排斥,他把支持这一说法的根据也写在这个批语内,采取两说并存的通达态度。不过从中也可看出,毛泽东是无意于考据的,他的兴奋点并不在这里。

批语对王勃的文学成就给予了高度评价。先对王勃政治上遭受的两次打击作一般介绍,然后说他"高才博学,为文光昌流丽,反映当时封建盛世的社会动态,很可以读"。王勃是一个少年天才,9 岁时读颜师古《汉书注》10 卷,指出颜氏失误之处,仅此一项就可看出王勃才学超常。据说他还有哲学、医学等方面的著作。当然王勃的主要贡献还是在文学方面。毛泽东用"光昌流丽"一词形容其文采。"光昌"指王勃诗文有一种高华气象,"流丽"指王勃诗文有一种流畅之美。毛泽东同时又指出王勃一生倒霉,其诗文"还有牢愁满腹一方"。这一点尤为重要,因为毛泽东一贯认为政治上遭受打击对一个人成长不无益处。

《饯崔使君序》与《滕王阁序》都是骈文,后者更是传诵千古的美文。毛泽东从文学发展史的角度评价王勃骈文创作成就,先引杜甫《戏为六绝句》对初唐四杰的评价,然后说:"王勃等人独创的新骈、活骈,同六朝的旧骈、死骈，相差十万八千里。"他充分肯定了王勃等人对文学的发展作出的创造性贡献。

应当说明的是，毛泽东在写这个批语时既不是一般地作考据，也无意写作家论，他是想借王勃"以一个二十八岁的人，写了十六卷诗文作品"，与王弼、贾谊、李贺、夏完淳并论来说明"英俊天才"出自青年，从而引出下边的议论来。

毛泽东写这个批语固然缘于读到《饯崔使君序》，引发他参与讨论王勃在南昌作序时年龄的兴趣；然而这种兴趣的产生并非完全出自学术，主要是出于现实需要，准确点说是现实中发动"四化"运动、倡导敢于发明创造的思想的一种流露。

毛泽东历来重视青年的作用，他把"四化"运动的希望也寄托在青年身上。早在1958年5月的中共八大二次会议上，毛泽东讲话一开始就围绕着"破除迷信"这个题目进行发挥，认为"从古以来，发明家都是年轻人，卑贱者，被压迫者，文化缺少者"。为了证明这个观点，他一口气举出古今中外20余人为例，王勃当然在内，甚至把舞台上的红娘、神话中的哪吒也算上了。会议期间，毛泽东还为一个报告写了批语，并拟题目为"卑贱者最聪明，高贵者最愚蠢"。批语中隐含了毛泽东对群众进行科技发明的渴望，从而也进一步发挥了大会讲话中的观点。

毛泽东所说的青年人、贫人、贱人多发明创造，"就是因为他们贫贱低微，生力旺盛，迷信较少，顾虑少，天不怕，地不怕，敢想敢说敢干"，自有其道理，只是有些失之绝对。特别是在科学技术领域，没有相当的知识储备，离开一定的物质条件，总是困难的。

后来，毛泽东还痛批党八股文章，都与他倡导好文风一贯主张是一脉相承的。遗憾的是，现在流行新八股，模式一样，上行下效，词意笼统，毫无生趣，形式与实际脱节严重，形式与内容相去甚远。古人王勃尚且能做到倡者自行，可今天为何口心不一，文风糜烂？王勃文风反映当时封建盛世的社会动态，而当今特色社会，是不是应该有与之相适应的"光昌流丽"的好文风呢？

（三）王勃的诗文"很可以读"

　　毛泽东非常喜欢王勃的诗文，而且也很了解他的生平。《新唐书》第210卷的《王勃传》中写道："勃属文初不精思，先磨墨数升，则酣饮，引被覆面卧。及寤，援笔成篇，不易一字，时人谓勃为腹稿。"毛泽东读后，用红铅笔画了着重线，流露出对王勃才华的赏识。在一本清人项家达编的《初唐四杰集》里，毛泽东在王勃《秋日楚州郝司户宅饯崔使君序》一文的标题下画着大圈，以示重视，并写下了长达千余字的批语。文中明确指出："这个人高才博学，为文光昌流丽，反映当时封建盛世的社会动态，很可以读。"①

　　1958年5月8日，毛泽东在中共八大二次会议上的第一次讲话中，主要讲"破除迷信"问题。他说："从古以来，发明家创立新学派的，在开始时都是青年，学问比较少的，被人看不起的，被压迫的人，这些发明家在后来才变成壮年、老年，变成有学问的人。"接着他列举的大批"青年人打倒老年人，学问少的人打倒学问多的人"的例子有：甘罗、贾谊、项羽、韩信、孔子、颜渊、释迦牟尼、红娘、荀灌娘、李贺、李世民、罗士信、王勃、岳飞、马克思、列宁、周瑜、孔明、王弼、哪吒、兰陵王等20余人。其中评论王勃说："作《滕王阁序》的王勃，唐初四杰之一，也是一个青年人，死的时候才二十九岁。"②

　　《秋日登滕王阁饯别序》，通称《滕王阁序》，是毛泽东非常喜爱的作品。毛泽东在"老当益壮，宁移白首之心？穷且益坚，不坠青云之志"等警句后面画着圈，尤其对"落霞与孤鹜齐飞，秋水共长天一色"这样优美的句子特别喜爱。20世纪60年代初，她和子女们一次谈话中，一边背诵这篇诗序中的佳句，一边评论。谈兴正浓时，坐到桌前，悬肘挥毫，为他们书写了"落霞与孤鹜齐飞，秋水共长天一色"这样具有诗情画意的千古

---

① 《毛泽东读文史古籍批语集》，中央文献出版社1993年版，第7—13页。

② 王子今：《毛泽东与中国史学》，中共中央党校出版社1993年版，第199页。

名句，留下了珍贵的墨宝。《毛泽东手书选集》中还收录了另外两幅手迹：一幅是"老当益壮，宁移白首之心？穷且益坚，不坠青云之志"等数句的墨迹；另一幅是"勃三尺微命，一介书生。……杨意不逢，抚凌云……"等数句墨迹。南昌新修的滕王阁悬挂有毛泽东手书"落霞与孤鹜齐飞，秋水共长天一色"墨迹的复制品，供游人观览。①

据作家王蒙回忆：毛泽东看了陈其通等谈整个文艺的形势的一篇文章后说，反对王蒙的人提出北京没有这样的官僚主义，中央还出过王明，出过陈独秀，北京怎么就不能出官僚主义。王蒙反官僚主义我就支持，我也不认识王蒙，不是他的儿女亲家，但他反对官僚主义我就支持。他是共青团员吗？（别人回答说：不是，是党员。）是党员也很年轻嘛。王蒙有文才，就有希望。当然了，《组织部新来的年轻人》也有缺点，正面人物写得不好，软弱无力，但不是毒草，就是毒草也不能采取压制的办法。这一点给我的印象很深。接下来的，他还引了《滕王阁序》中最有名的两句：落霞与孤鹜齐飞，秋水共长天一色。说：我们的政策是落霞与孤鹜齐飞，香花与毒草共放。②

由此可见，毛泽东对初唐青年诗人王勃十分喜爱，对他的诗文成就和造诣，给予热情赞扬和高度评价；对他短暂一生的坎坷遭遇和不幸，给予由衷的同情和无限的惋惜。

（四）初唐诗人名篇欣赏

1. "海内存知己，天涯若比邻"

毛泽东喜欢王勃的诗文，圈阅批注过王勃一些诗作，他特别喜爱《送杜少府之任蜀川》。在一本清人蘅塘退士原编的《注释唐诗三百首》中载

---

① 以上四幅手迹见于中央档案馆编：《毛泽东手书选集·古诗词》上册，北京人民出版社 1996 年版，第 183—187 页。

② 《人物》1996 年第 4 期。

有王勃《杜少府之任蜀川》："城阙辅三秦，风烟望五津。与君离别意，同是宦游人。海内存知己，天涯若比邻。无为在歧路，儿女共沾巾。"毛泽东在这首诗题头上方连画了三个圈，并在正文上方天头空白处批注了一个："好。"① 毛泽东还手书过这首诗，并题写："唐代少年诗人王勃诗一首：送别。"并署上："毛泽东　一九六一年十月十六日。"② 他还手书过"海内存知己，天涯若比邻"两句诗。③

王勃的诗文清新流畅，朴实自然，毛泽东十分爱读。

1959 年 9 月，毛泽东在一次与儿媳邵华的谈话中，说他喜欢王勃的《送杜少府之任蜀川》，对其中的"海内存知己，天涯若比邻"比较欣赏。并在谈话和文章中多次引用。

1959 年 10 月 16 日，他手书"海内存知己，天涯若比邻"二句，送给当时的中共中央政治局委员、国务院副总理、中国人民解放军总参谋长罗瑞卿大将，并署上名字。

1960 年 1 月，毛泽东与秘鲁哲学家麦约尔卡共餐时，发现对方喜欢吃辣椒，说：我们志同道合，不仅在哲学观点接近，在饮食习惯上也在靠拢。秘鲁和中国虽然相距万里之遥，正像诗人王勃所说的那样："海内存知己，天涯若比邻。"

中国驻捷克斯洛伐克大使馆 1960 年 7 月 24 日给外交部的一封电报说：7 月 22 日夜，在我参加捷国际电影节代表团举行的招待会上，捷列宁工厂一工人党员主动找八一制片厂厂长陈播交谈。他谈到：（一）继列宁之后，毛泽东是世界上最伟大的理论家，他的思想同列宁的思想完全一致，他是全世界所有共产党人的范例。（二）毛泽东善于运用马列主义，而捷共则运用不当，重犯苏联犯过的错误。（三）强调要维护哥特瓦尔德同志的事业。（四）对全世界反帝反殖民主义的斗争表示欢欣鼓舞，认为这种斗争能加速资本主义的灭亡。（五）期盼中国早日解放台湾。（六）称赞这次招待

---

① 中央档案馆整理：《毛泽东评点诗词曲精选》上册，中国档案出版社 1998 年版，第 72 页。

②③《毛泽东手书选集·古诗词》上册，北京出版社 1993 年版，第 81—82 页。

会没有请美国的做法很好。毛泽东阅读这个情况报告后批道："海内存知己，天涯若比邻。"并指示印发给正在北戴河参加中央工作会议的同志。①

1966年10月25日，毛泽东在《致阿尔巴尼亚劳动党第五次代表大会的贺电》中也引用了"海内存知己，天涯若比邻"这两句诗，用来形容中阿两国"远隔千山万水"，而"心却是连在一起的"的革命友谊，洋溢着崇高的国际主义精神。

《送杜少府之任蜀川》原诗如下：

> 城阙辅三秦，风烟望五津。
> 与君离别意，同是宦游人。
> 海内存知己，天涯若比邻。
> 无为在歧路，儿女共沾巾。

这首五言律诗是一首送别之作。当时作者供职都城长安，他的杜姓友人外放到蜀川（一作"蜀州"，治所在今四川崇州）做县尉。"少府"，当时县尉的通称。"之任"，赴任。

"城阙辅三秦，风烟望五津。"首联意思是说，长安的城郭宫殿由三秦之地护卫，遥望杜要去的蜀州，但见风烟杳渺而已。交代了杜姓朋友的出发地与目的地。"阙"，指宫门前的望楼。"三秦"，项羽曾分秦地为雍、塞、翟三国，封秦将章邯等三人为王。诗人承汉初旧称，泛指长安附近的关中之地。"五津"，四川省从都江堰以下到犍为的一段岷江中当时有五个渡口，名为白华津、万里津、江首津、涉头津、江南津。

"与君离别意，同是宦游人。"颔联是说，我游长安，君行入蜀，同是为了做官而奔走，彼此都是既去乡又别友，离别之意正复相同。"宦游人"，离乡在外做官求官的人。

"海内存知己，天涯若比邻。"颈联是说，海内还有知心的朋友，彼此虽天各一方，也好像近在咫尺。这意思本于三国魏曹植《赠白马王彪》：

---

① 《建国以来毛泽东文稿》第九册，中央文献出版社1996年版，第264页。

"丈夫志四海，万里犹比邻。恩爱苟不亏，在远分日亲。"但王勃化用其意而自铸新词，更精练，更概括。

"无为在歧路，儿女共沾巾。"尾联是说，我们不要像儿女孩子似的，在临分别的地方，让眼泪沾湿了袖巾。"歧路"，分路。

总之，这首送别诗，在古代送别之作中独标高格，意境开阔，音调爽朗，洋溢着大丈夫的阳刚之气，特别是"海内存知己，天涯若比邻"的名句，千百年来为人们传颂不衰。

2.《登幽州台歌》"情深意长"

孟锦云，1975年春天调到毛泽东身边做护士工作。

护理工作之外，毛泽东还经常让孟锦云为他读书。时间一天天地过去了，毛泽东依旧在读着他所喜爱的书。几天来，只要毛泽东自己看书，小孟便也拿本唐诗读起来，她怕毛泽东让她读时老读不好，她也像应试的学生一样，在认真地准备着。

一天，毛泽东听京剧唱片，刚听了没几分钟，就对小孟说："别听了，还是请你再给我读几首唐诗吧。"

小孟见毛泽东又让读唐诗，倒挺高兴，她心里觉得有底。她把留声机关上，顺手从毛泽东床头的小桌子上拿起一本《唐诗三百首》，边翻边说："我每次读诗都读得不好，还老让您纠正，这次我得先选一首好读的，保证让您挑不出错来。"

毛泽东听了笑着说："读诗就是学习嘛，要知难而上，你这个孟夫子却是择易而读。可以嘛，你随便读一首我听听，读好读的。"

小孟一翻，正好翻到陈子昂的《登幽州台歌》，这首诗她读过好几遍，差不多都快背下来了，于是，便很有把握地放高声音，放慢速度，郑重其事地朗诵起来：

前不见古人，后不见来者。
念天地之悠悠，独怆然而涕下！

　　毛泽东听了，连声称赞："孟夫子选得好嘛！这首诗虽短，可内容是情深意长噢！孟夫子，这次你读得也好，看来你不用纠正三次嘛。"

　　原来，这首诗过去小孟也曾给毛泽东读过，总是把"怆（chuàng）"字读错。毛泽东已经给她纠正过两次。

　　小孟听了毛泽东的夸奖，也很高兴，并说："就这么一个'怆'字，我再记不住，那我也太笨了，我的记性还不至于那么差。"①

　　毛泽东听了小孟的话，便接着说："我可不敢说孟夫子笨噢，孟夫子可是个聪明的姑娘。"

　　这首诗的作者陈子昂（661—702），字伯玉，梓州射洪（今四川射洪）人，唐代诗人。因曾任右拾遗，后世称为陈拾遗。出身富豪，少任侠。睿宗文明元年（684）举进士。武后初执政时上书，得到赏识，拜麟台阁正字，转右拾遗。他敢于陈述时弊，议论国政，主张息兵。圣历元年（698）辞官回乡。武三思嘱县令段简诬陷他，下狱死。他的一些诗，风格苍凉激越，是初唐诗歌一代先声。有《陈伯玉集》。

　　陈子昂标举风雅比兴、汉魏风骨，强调兴寄，反对齐梁柔靡之风，是唐代诗歌改革的先驱者。元代元好问《论诗绝句三十首》其八云："沈宋横驰翰墨场，风流初不废齐梁。论功若准平吴例，合着黄金铸子昂。"这首绝句论及当时三位有代表性的诗人：沈佺期、宋之问、陈子昂。他们对唐诗的发展各有贡献，但陈子昂贡献最大，应当像勾践平吴后，助其平吴的功臣范蠡泛五湖而去，铸其金像顶礼膜拜。这个评价是公允的。

　　《登幽州台歌》是诗人第二次出塞期间所作。武则天万岁通天元年（696），契丹李尽忠、孙万荣等攻陷营州。武则天派武攸宜征契丹，陈子昂在武攸宜幕府任参谋。武为人轻率，少谋略。次年兵败，情况紧急，陈子昂请求遣万人为前驱击敌，武不允。稍后，陈子昂又向武进言，不听，反把他降为军曹。诗人连受挫折，眼看报国宏愿成为泡影，因此登上幽州台，慷慨悲吟，写下了《登幽州台歌》以及《蓟丘览古赠卢居士藏用七首》等诗篇。"幽州台"，即蓟北楼，故址在今北京市大兴区。

---

　　① 郭金荣：《毛泽东的黄昏岁月》，学苑出版社 1993 年版，第 123 页。

《登幽州台歌》这首短诗，由于深刻地表现了诗人怀才不遇、寂寞无聊的情绪，语言苍劲奔放，富有感染力，成为历来传诵的名篇。

"前不见古人，后不见来者"，前两句叙事，感叹看不见古代、当代的那些能够礼贤下士的君主和贤人、有为之士。《蓟丘览古赠卢居士藏用七首》与《登幽州台歌》是同时之作，其内容可资参证。《蓟丘览古》七首，对战国时期燕昭王礼遇乐毅、郭隗，燕太子丹礼遇田光等历史事迹，表示无限钦慕。但是，像燕昭王那样的前代贤君和乐毅、郭隗那样的有为之士既不复可见，后来的贤明之主和贤者也来不及见到，一种生不逢时怀才不遇的感情油然而生。诗人在"古人"与"来者"、"前"与"后"之间，跨越了巨大的历史长空，写得大气磅礴。

"念天地之悠悠，独怆然而涕下！"后两句抒情，写诗人登台远眺时，只见茫茫宇宙，天长地久，不禁感到孤单寂寞，悲从中来，怆然流泪了。这是写诗人的人生感慨。诗人登台眺望，面对空旷的天宇和辽阔的原野，不免引起天地悠久、人生短暂和宇宙无限、个人渺小的慨叹。

本篇在艺术表现上也很出色。上两句俯仰古今，写出时间绵长；第三句登楼眺望，写出空间辽阔。在广阔无垠的背景中，第四句描绘了诗人孤单寂寞悲哀苦闷的情绪，两相映照，分外动人。

本篇以感慨悲凉的调子，抒发了诗人怀才不遇的寂寞苦闷的情怀。这种悲哀常常为旧社会许多怀才不遇的知识分子所共有，因而引起了广泛的共鸣。毛泽东称赞这首诗内容上"情深意长"，也是从这方面说的。毛泽东以他一生不凡的阅历，从他登上历史高峰的境界，理解起这首"情深意长"的诗来，是否会从中体会到一种"伟大的孤独"呢？

3. "少小离家老大回"

据毛泽东的卫士长李银桥回忆：1958年的一天，毛泽东在中南海颐年堂征询刘少奇、周恩来对《工作方法六十条（草案）》的意见。交谈中，刘少奇向毛泽东请教作诗，毛泽东笑一笑说："你的文化底蕴比我深么！要谈诗，还得容我想一想哩。"

刘少奇说："实事求是么，对于诗，我确实不如主席。"又说："我看了几首唐诗，贺知章的'少小离家老大回'，有人考证说'儿童'是他的子女，不知主席怎么看？"

毛泽东说："瞎考！那样考的话，'飞流直下三千尺'，'桃花潭水深千尺'，又该如何考啊？"

周恩来在一旁笑了，说："借喻、比喻、拟人、夸张，是诗里常用的手法。"

毛泽东说："恩来说得是嘛！神奇的想象，奇妙的构思，大胆的夸张，严谨的平仄格式和对仗，是唐诗的特点，也是诗的意境之所在……"

回到菊香书屋，毛泽东对李银桥说："你去书房给我拿了《全唐诗话》来。"①

当时参加会议的中共中央宣传部副部长张际春回忆，毛泽东与刘少奇谈贺知章诗的背景时说，毛主席谈古典文学总是与现实联系得很紧的。有一次关于文教工作的碰头会上，有人提出，现在不少干部两地分居的问题难以解决。刘少奇说：两地分居，自古有之，"少小离家老大回"，"儿童相见不相识"，贺知章就是把家属留在家乡的嘛！毛泽东当时没有说什么。回去后，他查了材料，给刘少奇写信。这就是1958年毛泽东和刘少奇谈贺知章及其《回乡偶书》写的一封长信。信是这样写的：

少奇同志：

前读笔记小说或别的诗话，有说贺知章事者。今日偶翻《全唐诗话》，说贺事较详，可供一阅。他从长安辞归会稽（绍兴），年已八十六岁，可能妻已早死。其子被命为会稽司马，也可能六七十了。"儿童相见不相识"，此儿童我认为不是他自己的儿女，而是他的孙儿女或曾孙儿女，或第四代儿女，也当有别户人家的小孩子。贺知章在长安做了数十年太子宾客等官，同明皇有君臣而兼友好之遇。他曾

---

① 邸延生：《历史的真言——李银桥在毛泽东身边工作纪实》，新华出版社2000年版，第690—691页。

推荐李白于明皇，可见彼此惬洽。在长安几十年，不会没有眷属。这是我的看法。他的夫人中年逝世，他就变成独处，也未可知。他是信道教的，也有可能屏（摒）弃眷属。但一个九十多岁像齐白石这样高年的人，没有亲属共处，是不可想象的。他是诗人，又是书家（他的草书《孝经》，至今犹存）。他是一个胸襟洒脱的人，不是一个清教徒式的人物。唐朝未闻官吏禁带眷属事，整个历史也未闻此事。所以不可以"少小离家"一诗便作为断定古代官吏禁带眷属的充分证明。自从听了那次你谈到此事以后，总觉不甚妥当。请你再考一考，可能你是对的，我的想法不对。睡不着觉，偶触及此事，故写了这些，以供参考。

毛泽东

一九五八年二月十日上午十时

复寻《唐书·文苑·贺知章传》（《旧唐书·列传一百四十》，页二十四），亦无不带家属之记载。

近年文学选本注家，有说"儿童"是贺之儿女者，纯是臆测，毫无确据。①

毛泽东在这封信中，不仅讨论了唐代官员是否禁带家属的问题，也给贺知章以很高的评价。

贺知章（659—744），字季真，自号"四明狂客"，越州永兴（今浙江萧山）人，唐代诗人。武则天证圣元年（695）进士。玄宗开元年间任礼部侍郎兼集贤院学士，后又任太子宾客，秘书监。天宝三年（744）请求还乡为道士。好饮酒，与李白友善。工书法，尤擅草隶。其诗多祭神乐章与应制诗；写景之作，较清新通脱。

刘少奇、毛泽东讨论古代官吏是否禁带家属，引用的"少小离家老大

---

① 中共中央文献研究室编：《毛泽东书信选集》，中央文献出版社1993年版，第535—536页。

回"和"儿童相见不相识"两句，见于贺知章《回乡偶书》。原作二首，这是第一首。原诗为：

> 少小离家老大回，乡音无改鬓毛衰。
> 儿童相见不相识，笑问客从何处来。

　　诗的一、二句是说诗人少小离家，年老才回，鬓发已经斑白而且疏落，只有乡音未改。口语化的遣词炼句，概括了数十年久客他乡的事实，浑然天成。三、四句是说家乡的小孩儿都不认识诗人了，反而笑着问"客人"是从哪里来。儿童的天真和欢乐与诗人的衰颜和感慨，使全诗笼罩在一种低回感伤的氛围中。全诗就在这有问无答处悄然作结，而弦外之音却如空谷传响，久久不绝。

　　第二首是第一首的续篇，原诗是：

> 离别家乡岁月多，近来人事半消磨。
> 惟有门前镜湖水，春风不改旧时波。

　　这首诗大意是说，诗人到家以后，通过与亲朋的交谈，得知家乡人事的种种变化，在叹息久客伤老之余，又不免发出人事无常的慨叹来，只有门前的镜湖水在春风吹动下波浪和过去一样没有变化。一种物是人非的感慨油然而生。镜湖，又名鉴湖、长湖、庆湖。古代长江以南的大型农田水利工程之一，在今浙江绍兴会稽山北麓一带。今仅存城西南一段较宽的河道叫鉴湖，此外只残存了几个小湖。

　　《回乡偶书》这首诗颇得毛泽东喜爱，在许多本诗集中，一再圈点，并背诵手书过。

　　毛泽东非常喜欢这首诗，经常触景生情，因事感发，谈起这首诗。

　　早在1929年10月，毛泽东在闽西上杭山区养病时就教贺子珍学习这首诗，说是她贺家的老祖宗唐朝诗人贺知章的名作。贺子珍把它背熟了，说怕自己将来回井冈山老家时，"儿童相见不相识，笑问客从何处来"。她要毛泽东教她学写诗。毛泽东说：写诗不难，要多读，多背诗，叫"熟读唐诗三百首，不会写诗也会吟"。

1937年7月，徐特立受命以八路军高级参议出任八路军驻湘办事处代表。离开延安时，毛泽东在枣园住处送别徐特立，说：贺知章是"少小离家老大回，乡音无改鬓毛衰"。你可是五十离家花甲回，乡音无改志未衰啊！此次返湘，可不会是"儿童相见不相识"，在社会上你徐老的名气大得很咧！你是教育界的"长沙王"嘛。

三、"毛主席喜欢李白、李贺、李商隐的诗"

（一）"李白、李贺、李商隐，搞点幻想"

据陪毛泽东晚年读书的北京大学中文系讲师芦荻回忆说："毛主席喜欢李白、李贺、李商隐的诗，尤其喜欢李白的诗。"[1]据张贻玖统计，毛泽东圈阅的"唐诗共660首"，"唐诗中，李白的诗81首，李贺的诗82首，李商隐的诗31首，三李诗的合计，占唐诗的29%。"[2]这个统计，很能说明问题。

那么，毛泽东为什么爱读三李的诗呢？原因有三：

第一，浪漫主义创作方法的认同。

三李的作品都具有独特的浪漫主义风格，是有唐一代浪漫主义诗风的主要代表：李白代表了盛唐的洒脱豪放，李贺代表了中唐的奇诡险怪，李商隐代表了晚唐的绮丽精巧。"有点幻想"，是形成浪漫主义精神的重要因素。

1958年1月16日，毛泽东在南宁会议上的讲话中指出："光搞现实主义一面也不好，杜甫、白居易哭哭啼啼，我不愿看，李白、李贺、李商隐，搞点幻想。我们党建党以来，几十年没正式研究过这问题。"[3]幻想和

---

① 杨建业：《在毛主席身边读书——访北京大学中文系讲师芦荻》，《光明日报》1979年2月28日。

② 张贻玖：《毛泽东评点、圈阅的中国古典诗词》，中国工人出版社1992年版，第4页。

③ 陈晋主编：《毛泽东读书笔记解析》下册，广东人民出版社1996年版，第1260页。

联想、推测等是艺术想象的基本手段，而艺术想象是形象思维的主要方式，它是作家对生活现象进行集中改造综合移植补充虚构，从而造成高于生活的更加完整真实的典型形象。总之，"艺术靠想象而生存"（高尔基），没有想象，就没有艺术创造，也就没有艺术作品。毛泽东也说过："艺术上的浪漫主义，并不是完全没有道理的，……殊不知浪漫主义的主要精神是不满现状，用一种革命的热情憧憬将来，这种思潮在历史上曾发生过伟大的积极作用。一种艺术作品如果只是单纯地记述现状，而没有对将来的理想追求，就不能鼓舞人们前进。在现状中看出缺点，同时看出将来的光明和希望，这才是革命的精神，马克思主义必须有这样的精神。"[1] 毛泽东还说过："太实就不能写诗了。"

第二，中国革命的客观需要。毛泽东从青年时期投身革命，就抱着推翻帝国主义、官僚资本主义、封建主义三座大山，建立新中国的志向；新中国成立以后，又急于改变一穷二白的面貌、建设强大的社会主义国家，革命理想始终鼓舞着毛泽东这位领袖人物，需要浪漫主义。

第三，个人欣赏的偏好。据何其芳回忆：约 1960 年，一次，毛泽东同他谈美学问题。毛泽东说："各个阶级有各个阶级的美。"一位同志插话："问题在于也有一些相同的。"

毛泽东像是回答他的问题，也像是发表他思考的结果似的："各个阶级有各个阶级的美。各个阶级也有共同美。'口之于味，有同嗜焉'。接着他说了上面的一些话。"[2]

文学欣赏，因时、因地、因人而异。俗话说，萝卜白菜，各有所爱。如同有些人喜欢现实主义作品，毛泽东则喜爱浪漫主义作品。

综上所述，毛泽东特别喜爱"三李"的浪漫主义诗歌就很自然了。

① 《在鲁迅艺术学院的讲话》，《毛泽东文集》第二卷，人民出版社 1993 年版，第 121—122 页。

② 何其芳：《毛泽东之歌》，《时代报告》1978 年第 2 期。

三、"毛主席喜欢李白、李贺、李商隐的诗"

（二）诗仙李白的诗"文采奇异，气势磅礴，有脱俗之气"

毛泽东喜爱三李（李白、李贺、李商隐）的诗，但他最喜爱的还是李白的诗。毛泽东从不讳言他这一个人偏爱。1942 年 4 月 13 日，毛泽东为准备召开延安文艺座谈会，邀请何其芳、严文井、周立波等作家交换对文艺工作的意见时，严文井问："听说主席喜欢中国古典诗歌。你喜欢李白，还是喜欢杜甫呢？"毛泽东回答："我喜欢李白。但李白有道士气。杜甫是站在地主的立场。"[①]

1949 年 12 月，毛泽东在赴莫斯科途中的专列上，曾与陪同的苏联汉学家费德林评论了唐代伟大诗人李白。毛泽东说："李白，唐代杰出诗人。他像天才诗人普希金对俄国人民的贡献，为中国人民写了许多珍贵的艺术诗篇。李白的诗是登峰造极的，他是空前绝后的不朽艺术家。中国至今没有人超过李白、杜甫的诗才。"

1957 年 3 月 7 日，毛泽东在与七省市教育厅局长谈话中，谈到学校课程设置时提出：教材要有地方性，应该增加一些地方乡土教材，……以讲些本地作家的作品，四川就可以讲李白、杜甫的东西。

1957 年初，毛泽东与诗人臧克家等人谈诗，又谈到李白。据臧克家先生回忆说："毛主席也有个人特别喜爱的古代诗人。在谈话中，对唐代两大诗人——李白、杜甫，比较起来，毛主席更欣赏李白。"[②]

20 世纪 60 年代，毛泽东在和子女谈话时说过："李白的诗文采奇异，气势磅礴，有脱俗之气。"[③] 又说："李白的诗豪放，想象力丰富，读了使人心旷神怡。……多读些李白的诗，可以开阔胸襟。"[④]

毛泽东晚年，陪他读书的北京大学中文系讲师芦荻说："毛主席喜欢

---

① 何其芳：《毛泽东之歌》，《时代报告》1978 年第 2 期。

② 〔俄〕尼·费德林：《费德林回忆录：我所接触的中苏领导人》，周爱琦译，新华出版社 1995 年版，第 28—29 页。

③ 毛岸英、邵华：《回忆爸爸勤奋读书和练习书法》，《瞭望》1983 年第 12 期。

④ 《燃烧的记忆——访刘松林、邵华同志》，《文汇报》1983 年 12 月 23 日。

李白、李贺、李商隐的诗，尤其喜欢李白的诗。"[1]

据毛泽东的机要秘书谢静宜回忆：毛泽东"喜欢的诗词，一般是爱国的、有骨气、有气派的佳作。他曾对她说过：'李白的诗好。'他点了很多，如《梦游天姥吟留别》《蜀道难》等等。主席还多次称赞'李白是诗人之冠'。"[2]

综上所述，可见毛泽东对李白评价之高。

那么李白到底是怎样一位诗人呢？

李白（701—762），字太白，唐代伟大诗人。祖籍陇西成纪（今甘肃天水附近），先世于隋末流徙中亚，他就诞生在中亚的碎叶（今哈萨克斯坦托克马克）。5 岁随父亲迁居绵州的彰明县（今四川江油）青莲乡。少有逸才。10 岁观百家之书。20 岁左右，周游蜀中。25 岁，"仗剑去国，辞亲远游"，希望实现"愿为辅弼"的愿望。此后 10 年内，漫游了长江、黄河中下游的许多地方，足迹遍及大半个中国，结识了不少名人，并在今湖北安陆成家。

天宝元年（742），由于道士吴筠的推荐，应诏入长安，供奉翰林。因其秉性刚直，得罪了权贵，深感政治抱负无法施展，遂上书请还。于是，天宝三年（744），被"赐金还山"。

天宝十四年（755），"安史之乱"爆发，李白曾参加永王李璘幕府。后李璘谋乱失败，他连坐当诛，名将郭子仪救之，改流放夜郎。幸而途中遇赦，才得以东归，时年已 59 岁。晚年漂泊困苦，卒于当涂（今安徽当涂）。

李白的思想比较复杂，他接受了儒家"兼善天下"的理念，希望"济苍生""安黎民"；又接受了道家，特别是庄子那种遗世独立的处世态度，追求绝对自由，蔑视世间一切。同时，还受游侠"不爱其躯""羞伐其德"思想的影响。这三者相互作用，结合为功成身退这样一个支配他一生

---

① 杨建业：《在毛主席身边读书——访北京大学中文系讲师芦荻》，《光明日报》1979 年 12 月 29 日。

② 《人物》1998 年第 9 期。

的指导思想。他关心国事，希望建功立业。从年轻时起，就立志要"奋其智能""使寰区大定，海县清一"（《代寿山答孟少府移文书》），渴求有姜尚遇周文王那样的机遇，直到晚年，在屡受挫折的情况下，仍自信地写下了"但用东山谢安石，为君谈笑静胡沙"（《在水军宴》）的豪迈诗句，表现了积极用世的思想。

今存诗 900 余首，内容非常丰富，既表现了他一生的经历和思想，也反映了盛唐时期的社会面貌。诗风雄奇奔放，想象丰富奇特，语言流转自然，音律和谐多姿，善于从民歌、神话中吸取营养和素材，构成独特的瑰丽绚烂的色彩，富有积极浪漫主义色彩。

毛泽东喜欢李白的诗，主要是推崇他那洒脱的艺术气质和积极的浪漫主义精神。而在这种艺术气质背后，事实上传达出一种追求个性解放、反抗各种世俗规范的人生价值观。在李白笔下，总是充满着笑傲王侯，蔑视世俗，不满现实，指斥人生，饮酒赋诗，纵情欢乐的浓烈情感。毛泽东说李白有道士气，又说他的作品"文采奇异，气势磅礴，有脱俗之气"，大体上就是这种精神状态和创作精神。毛泽东对李白的这类作品尤为欣赏。在一本清人蘅塘退士原编《注释唐诗三百首》中，李白《将进酒》的标题前，毛泽东画着一个大圈，正文开头处一连画了三个小圈，天头空白处批注道："好诗。"[1]

《将进酒》，是汉乐府旧题，属《横吹曲·铙歌》。古词有"将进酒，举大白"，写饮酒放歌。李白这首诗，大约写于供奉翰林、"赐金放还"之后，他当时胸中积郁很深。诗中虽然有人生短促之感慨，但主要是以豪迈的语言，表现了乐观自信、放纵不羁的精神，事实上是从一个侧面（或者说是以洒脱的方式）反映了对当时社会压制人才的不满。

对李白这类强烈追求个性解放、不畏权贵、不崇拜偶像的诗，毛泽东都很欣赏。例如《庐山谣寄卢侍御虚舟》中的"我本楚狂人，凤歌笑孔丘"；《梦游天姥吟留别》中的"安能摧眉折腰事权贵，使我不得开心颜"；《宣

---

① 中央档案馆整理：《毛泽东评点诗词曲精选》上册，中国档案出版社 1998 年版，第 65 页。

州谢朓楼饯别校书叔云》中的"弃我去者，昨日之日不可留；乱我心者，今日之日多烦忧。长风万里送秋雁，对此可以酣高楼"，"抽刀断水水更流，举杯消愁愁更愁"等名句，毛泽东都画了着重线。在好几本诗集里，这些诗的标题前都画着两个、三个圈；有的标题前画大圈，正文开头处连画三个小圈；有的则完全相反，足见他极为重视。

（三）李白名作欣赏

1.《蜀道难》"这首诗主要是艺术性很高"

1975年秋天，毛泽东同陪他读书的北京大学中文系讲师芦荻，谈到李白的名作《蜀道难》，曾对她说：

李白的《蜀道难》，写得很好。有人从思想性方面作各种猜测，以便提高评价，其实不必。不要管那些纷纭聚讼，这首诗主要是艺术性很高，谁能写得有他那样淋漓尽致呀，它把人带进祖国壮丽险峻的山川之中，把人带进神奇优美的神话世界，让人仿佛也到了"难于上青天"的蜀道上面了。[1]

毛泽东在一本中华书局印行的《注释唐诗三百首》中，在《蜀道难》这首诗的天头上画着一个大圈，并批注说："此篇有些意思。"[2] 在另一本《注释唐诗三百首》中，《蜀道难》这首诗题头上方也画了一个大圈，但没有批语。[3]

据作家杜鹏程回忆，1956年2月4日晚上，在中南海怀仁堂，毛泽东、周恩来、陈毅等领导人，接见出席关于知识分子问题会议的文学艺术

---

① 杨建业：《在毛主席身边读书——访北京大学中文系讲师芦荻》，《光明日报》1987年12月29日。

② 张贻玖：《毛泽东和诗》，春秋出版社1987年版，第27页。

③ 中央档案馆整理：《毛泽东评点诗词曲精选》上册，中国档案出版社1998年版，第62页。

界代表。当毛泽东走到杜鹏程面前和他握手时，问现在哪里工作，沈雁冰介绍说在西北的铁路建设工地工作。周恩来走过来说：就是宝成铁路工地。陈毅也说：往我的家乡修铁路啊！毛泽东望着杜鹏程说：李白的《蜀道难》就是写的你们现在工作的那些地方的艰险情景。不过"蜀道"很快就不"难"啰！说罢，就随意而动情地吟诵那首诗篇中的一些句子。

从毛泽东的引用、批注和谈论的情况来看，毛泽东对李白的《蜀道难》是很感兴趣，颇有研究的，其评论是很精辟的。

《蜀道难》是乐府《相和歌·瑟调曲》三十八曲之一。其内容是描写蜀道的险阻。李白的《蜀道难》是传统题材的再发挥。全诗是：

噫吁嚱，危乎高哉！蜀道之难，难于上青天！蚕丛及鱼凫，开国何茫然。尔来四万八千岁，不与秦塞通人烟。西当太白有鸟道，可以横绝峨眉巅。地崩山摧壮士死，然后天梯石栈相钩连。上有六龙回日之高标，下有冲波逆折之回川。黄鹤之飞尚不得过，猿猱欲度愁攀援。青泥何盘盘，百步九折萦岩峦。扪参历井仰胁息，以手抚膺坐长叹。问君西游何时还？畏途巉岩不可攀。但见悲鸟号古木，雄飞雌从绕林间。又闻子规啼夜月，愁空山。蜀道之难，难于上青天，使人听此凋朱颜！连峰去天不盈尺，枯松倒挂倚绝壁。飞湍瀑流争喧豗（huī），砯（pīng）崖转石万壑雷。其险也如此，嗟尔远道之人，胡为乎来哉！剑阁峥嵘而崔嵬，一夫当关，万夫莫开。所守或匪亲，化为狼与豺。朝避猛虎，夕避长蛇，磨牙吮血，杀人如麻。锦城虽云乐，不如早还家。蜀道之难，难于上青天，侧身西望长咨嗟！

据孟棨《本事诗》，贺知章于天宝初年李白入京时即见此作，惊叹之余，称李白为"谪仙"（按：贺于天宝三年，即公元 744 年初致仕归越，故此作创作时间不会迟于天宝三年）。

这首诗以雄奇奔放的笔调，采纳传说、民谚，夸写蜀道之艰难险峻，是李白浪漫主义诗风的代表作。

全诗先以"噫吁嚱，蜀道之难，难于上青天"的强烈感叹发端，开始正面描写蜀道的艰难险阻。写秦蜀隔绝之久，蜀道开辟之难，所辟栈道之险，又引入了蚕丛、鱼凫的历史传说和五丁开山的神话故事，一幅奇险多姿的蜀道山川神奇图画便展现在读者面前了。

接着诗人又从侧面烘托，进一步描写蜀道的荒凉空寂和雄奇绝险：悲鸟哀号，子规啼愁，山高离天不到一尺，千年古松倒挂绝壁，急流冲击山岩，瀑布发出雷鸣，写尽了山势的陡峭和涧底洪涛的声势。读到此处，惊心动魄。

最后又极写剑阁要塞的险要。剑阁是"一夫当关，万夫莫开"的咽喉要塞，易守难攻。如果守关之人不是忠臣良将，反而会酿成祸患，再加上那里时有猛虎和长蛇吃人，实在太危险了。所以成都虽然是个快乐的地方，还是不如早早回去得好。以咏叹收结，照应开头。

总之，这首诗运用丰富的想象、大胆的夸张、奇妙的神话，传神地写出了蜀山、蜀道的磅礴气象，以神秘色彩和浓郁的诗情，为我们描绘了一幅壮美的山水画卷，给我们以无尽的美的享受。所以毛泽东说这首诗"主要是艺术性高"，"使人仿佛到了'难于上青天'的蜀道上面了。"

毛泽东在同芦获的谈话中，为什么说不必从思想性方面作各种猜测呢？这是因为古今注家对这首诗的内在意义有不同说法。有人统计说，关于这首诗的寓意，主要说法就有以下几种：一是为"房琯、杜甫处境担忧而讽严武"说（范摅：《云溪友议》）；二是"讽玄宗幸蜀"说（萧士赟《分类补注李太白集》）；三是"讽章兼琼"说（沈括《梦溪笔谈》卷八等）；四是"即事成篇，别无他意"说（胡震亨《唐音癸签》卷二十一等）；五是"送友人入蜀"说（詹锳《〈蜀道难〉的寓意及其写作年代辩》，《文学遗产增刊》第六集）；六是"痛斥当时四川统治者"说（魏兴南《简论〈蜀道难〉》，《语文》1960 年 4 月号）；七是"借蜀道之险写仕途之坎坷，抒胸中之愤懑"说（安旗《〈蜀道难〉新探》，西北大学学报 1980 年第 4 期）。此外，还有初版于 1963年、由朱东润主编的《中国历代文学作品选》中编第一册，在该诗前面的"题解"中说："唐时，蜀中商业经济极为发达，入蜀的人们乐不思返，而没有意识到这一地区形势险要，自古为封建割据之地，随时有发生变乱的可能。诗中强调'所守或非亲，化为狼与豺'，就是指此而言。"这种种

三、『毛主席喜欢李白、李贺、李商隐的诗』

議论，众说纷纭，莫衷一是，难下断语。但它们有一种出发点是共同的，就是想提高此诗的思想性，毛泽东认为无此必要，并认为"主要是艺术性高"。这话出自一贯主张评价文学作品应该政治标准第一的毛泽东之口，是颇耐人寻味的。

2."半壁见海日"画意

1936 年，毛泽东在延安同美国记者斯诺谈话时说：

"我在师范学校当了五年学生，并且抵住了后来所有广告的引诱。最后，我居然得到了毕业文凭。我在这里——湖南省立第一师范——经历了不少事情。我的政治思想在这个时期开始形成。我最早的社会经验也是在这里取得的。

"这所新学校有许多规则，我只赞成其中的极少数。首先，我反对把自然科学列为必修课。我想专修社会科学，对自然科学并不特别感兴趣，也不去钻研，所以这些课程我多半得到的分数很低。我最讨厌的是静物写生这门必修课，认为它是极端无聊的。我总是想出最简单的东西来画，草草画完就离开课室。记得有一次我画了一条直线，上面加了一个半圆，来表现'半壁见海日'的画意。还有一次，在图画考试中，我画了一个椭圆形就算了事，说这就是蛋。结果图画课得了个四十分，不及格。幸亏我的社会科学课程的分数都很高，这样就把其他课程的坏分数扯平了。"①

毛泽东说的"半壁见海日"，出自李白的《梦游天姥吟留别》。其诗原文如下：

> 海客谈瀛洲，烟涛微茫信难求。
> 越人语天姥，云霞明灭或可睹。
> 天姥连天向天横，势拔五岳掩赤城。
> 天台四万八千丈，对此欲倒东南倾。

① 《毛泽东自述》，人民出版社 1996 年版，第 32—33 页。

我欲因之梦吴越，一夜飞度镜湖月。

湖月照我影，送我至剡溪。

谢公宿处今尚在，渌水荡漾清猿啼。

脚著谢公屐，身登青云梯。

半壁见海日，空中闻天鸡。

千岩万转路不定，迷花倚石忽已暝。

熊咆龙吟殷岩泉，栗深林兮惊层巅。

云青青兮欲雨，水澹澹兮生烟。

列缺霹雳，丘峦崩摧。

洞天石扉，訇（hōng）然中开。

青冥浩荡不见底，日月照耀金银台。

霓为衣兮风为马，云之君兮纷纷而来下。

虎鼓瑟兮鸾回车，仙之人兮列如麻。

忽魂悸以魄动，恍惊起而长嗟。

惟觉时之枕席，失向来之烟霞。

世间行乐亦如此，古来万事东流水。

别君去兮何时还？

且放白鹿青崖间，须行即骑访名山。

安能摧眉折腰事权贵，使我不得开心颜？

《梦游天姥吟留别》又名《别东鲁诸公》，"梦游天姥吟"是就诗中所写内容自拟的乐府歌行题目，"留别"是点明诗为赠别之作。留别而出之以梦游天姥，在赠别诗中便显出别开生面的意味来。据志书记载：天姥峰在台州天台县西北，就是今浙江天台西北。它同天台山相对，峰峦孤出峭立，下临剡县，仰望如在天表。这样一座山自然是诱人的。梦游不是实游，但仍然表现了心向往之。

这是李白创作的一首记梦诗，也是游仙诗。在神仙都会绍兴写下这首传世之作，内容丰富曲折，形象辉煌流丽，富有浪漫主义色彩。诗才横溢，堪称绝世名作。

这首诗形象地描述了诗人奇异的梦境，抒发了诗人对名山、仙境的热情向往。而在最后则一吐胸中郁闷，表现了诗人对权贵的蔑视及对生活现实的不满。

全诗可分成三节：

自首句至"对此欲倒东南倾"为第一节，写梦游天姥山的缘由。开头四句写，海客谈说瀛洲，只是虚幻的传言，烟水迷茫实在难以求索；越人谈天姥，是人间的实言，是可以攀上云霞明灭的峰头一览真颜的。这是用对句写出两个虚实相映的形象，用瀛州的烟波渺茫难求来衬托天姥山的客观存在。有了瀛洲的反衬，天姥更加突出了。仙山瀛州虽好，但涉虚幻，即不可求，因而一笔带过。天姥可睹，并且云霞明灭，故可一游。下面描写天姥的奇伟：天姥不仅高与天齐，天姥拔出五岳之上，掩蔽了赤城山，四万八千丈天台山，在天姥面前，也不过如倾侧俯伏的小丘罢了。"五岳"指东岳泰山，西岳华山，南岳衡山，北岳恒山，中岳嵩山，历来被认为是中国腹地的五座大山。"赤城"也是山名，在天台县境内。这一扬一抑都是为了显示天姥之高、之大。这横空出世的天姥的高大形象一下就跃入我们的眼帘。如此雄奇的山水，自然引人神往，故引出诗人一番奇异的梦境。

"我欲因之梦吴越"至"失向来之烟霞"为第二节。写梦游天姥的全过程：由入梦到梦醒，是全诗的主要部分，也是扣"梦游天姥"之题。"我欲因之梦吴越"，"因之"指因借越人的谈论天姥，"梦吴越"指梦中由山东向吴越驰去。"一夜飞度镜湖月"，诗人一夜之间，在月光下，飞越了镜湖。镜湖在今浙江绍兴，是从山东到天姥所经之路，因此过镜湖有似真，一夜飞度则为幻。"湖月照我影，送我至剡溪"，剡溪即曹娥江上游，剡县就在溪滨。"谢公宿处今尚在，渌水荡漾清猿啼"，"谢公"指谢灵运，他喜游山水，游天姥山时，曾在剡溪投宿。他的诗中曾说："暝投剡中宿，明登天姥峰。"即夜晚投宿于剡，天明遂登天姥。这里点出历史上游人之陈迹。"渌水"指清澄的水。这句突出剡溪最动人的非凡景色之处。"脚著谢公屐，身登青云梯"，"谢公屐"指谢灵运为登山而特制的木鞋，鞋底有可以装拆的齿，上山则去掉前齿，下山则去掉后齿。"青云梯"指高峻的山路。诗人写梦行至天姥，配以月夜背景，点染历史故实，画面优美，真幻交织，奇趣引人。

接着写"游天姥"，先外景："半壁见海日，空中闻天鸡"。"半壁"指半山腰。神话传说东南桃都山有桃都树，其高大异常，枝与枝相距三千里，上有天鸡。日出先照到此树，天鸡遂鸣，然后天下群鸡方叫。因为山高，半山就看到海上日出，天鸡已开始啼叫，将神话组织入诗，更添神异色彩。半山腰处已经看到大海日出，又传来天鸡的啼声。大家想一下，"半壁"尚如此雄伟壮观，那"绝顶"当如何？

再写内景：诗人一路写来，景物一步步变幻，梦境一步步开展，幻想的色彩也一步步加浓，一直引向幻想的高潮。正面展开一个迷离恍惚、光怪陆离的神仙世界："千岩万转路不定"六句是说，在千回万转的山石之间，道路弯弯曲曲，没有一定的方向。倚靠着岩石，迷恋缤纷的山花，天忽然昏黑了。熊在咆哮，龙在吟啸，震得山石、泉水、深林、峰峦都在发抖。天气也急剧地变化，青青的云天像要下雨，蒙蒙的水面升起烟雾。写得有声有色。这里采用了楚辞的句法，不仅使节奏发生变化，而且使读者联想到楚辞的风格，更增添了浪漫主义的色彩。"列缺霹雳"四句写突然间景象又起了变化：在我们面前，霹雳闪电大作，山峦崩裂，轰隆一声，通向神仙洞府的石门打开了，在一望无边、青色透明的天空里，显现出日月照耀着的金银楼阁。接着"霓为衣兮风为马"四句写神仙出场了：云之君兮纷纷而来下。虎鼓瑟兮鸾回车，仙之人兮列如麻。许多神仙纷纷走出来，穿着彩虹做的衣裳，骑着风当作马，老虎在奏乐，鸾凤在拉车。梦境写到这里，达到了最高潮。但是，好梦不长："忽魂悸以魄动"四句写，心惊梦醒，一声长叹，枕席依旧，刚才的烟雾云霞哪里去了？诗在梦境的最高点忽然收住，急转直下，由幻想转到现实。

诗人由梦醒后的低徊失望，引出了最后一段。这一段由写梦转入写实，揭示了全诗的中心意思。他认为，如同这场梦游一样，世间行乐，总是乐极悲来，古来万事，总是如流水那样转瞬即逝，还是骑着白鹿到名山去寻仙访道的好。这种对人生的伤感情绪和逃避现实的态度，表现了李白思想当中消极的一面。封建社会里的知识分子，在政治上遭受挫折的情况下，对人生抱消极态度，是可以理解的。"安能摧眉折腰事权贵，使我不得开心颜！"但结尾二句是说哪能够低头弯腰伺候那些有权有势的人，使得我整天不愉快呢！从这里可以看出诗人的思想是曲折复杂的，但是它的主要方面是积极的，富有反抗精神的。

毛泽东在 1936 年津津有味地谈到这首诗中的"半壁见海日"诗句；在晚年写的《七律·答友人》中又将李诗中"我欲因之梦吴越"加以点化改为"我欲因之梦寥廓"写入诗中，可见他对这首诗颇为欣赏。

3. "可起消愁破闷的作用"

1959 年 8 月 6 日，毛泽东写信给他的儿媳刘思齐：

娃：

你身体是不是好些了？妹妹考了学校没有？我还算好，比在北京时好些。登高壮观天地间，大江茫茫去不还。黄云万里动风色，白波九道流雪山。这是李白的几句诗。你愁闷时可以看点古典文学，可起消愁破闷的作用。久不见甚念。

爸爸

八月六日①

1961 年 8 月至 9 月，中共中央在庐山举行工作会议，讨论工业、粮食、财贸及教育等问题。毛泽东在会上分析了当时经济形势，认为问题暴露出来了，将走向反面，现在是退到谷底了，形势到了今天，是一天天向上升了。在会议结束那天，他书写了"登高壮观天地间"等四句诗，赠在庐山开会的中央常委诸同志。书写格式是这样的：

登高壮观天地间，大江茫茫去不还。黄云万里动风色，白波九道流雪山。

---

① 《老一代革命家家书选》，中央文献出版社、生活·读书·新知三联书店 1990 年版，第 57 页。

李白庐山谣一诗中的几句。

登庐山，望长江，书此以赠庐山常委诸同志

毛泽东

一九六一年九月十六日 [①]

毛泽东写给儿媳刘思齐和在庐山书赠中央常委的几句诗，出自李白的《庐山谣寄卢侍御虚舟》。原诗全文如下：

我本楚狂人，凤歌笑孔丘。

手持绿玉杖，朝别黄鹤楼。

五岳寻仙不辞远，一生好入名山游。

庐山秀出南斗傍，屏风九叠云锦张，影落明湖青黛光。

金阙前开二峰长，银河倒挂三石梁。

香炉瀑布遥相望，回崖沓嶂凌苍苍。

翠影红霞映朝日，鸟飞不到吴天长。

登高壮观天地间，大江茫茫去不还。

黄云万里动风色，白波九道流雪山。

好为庐山谣，兴因庐山发。

闲窥石镜清我心，谢公行处苍苔没。

早服还丹无世情，琴心三叠道初成。

遥见仙人彩云里，手把芙蓉朝玉京。

先期汗漫九垓上，愿接卢敖游太清。

此诗作于肃宗上元元年（760），当时李白流放夜郎途中遇赦，从江夏（今湖北武昌）来到浔阳（今江西九江），往游庐山并写下此诗。卢虚舟，字幼真，范阳（今北京大兴）人，肃宗时曾任殿中侍御史。曾与李白同游庐山。李白另有《和卢侍御通塘曲》。

---

① 《毛泽东手书选集·古诗词》上册，北京出版社1993年版，第123—126页。

三、「毛主席喜欢李白、李贺、李商隐的诗」

这首诗写庐山名胜，并借以抒发寂寞愁苦心情。

全诗可分为三部分。诗的前六句，交代诗人来庐山的行踪，是第一部分。大意是说诗人自比歌吟以嘲讽孔丘的楚狂人接舆，如同手拿绿玉杖的仙人，朝辞武昌黄鹤楼。即使到五岳求仙也不怕远，因为诗人一生就爱到名山大川旅游。这是全篇的"引子"。

"庐山秀出南斗傍"以下十三句为第二部分，是对庐山风景的生动描绘，为该诗的主体部分。其中又分两个层次来写，先写山内："秀出南斗傍"，写庐山的坐落，接写庐山的主要景观：九叠屏，石门岭、三石梁，三叠泉瀑布、香炉峰瀑布，湖光山色，景色宜人。旭日东升，青山与红霞相映成趣，更是美不胜收。

再写山外，诗人挥动如椽大笔，描绘庐山脚下的万里长江的雄伟气势："登高壮观天地间，大江茫茫去不还。黄云万里动风色，白波九道流雪山。""九道"，指长江至浔阳分为九条支流。"白波"和"雪山"，泛指江水激起的波浪。这几句是说：登上庐山顶峰，纵目四望，只见浩浩长江，东流入海，黄云万里，变幻无常，茫茫九派，白波奔流。既写出了长江浩浩东流的景观，又是借江水抒发诗人的内心情怀。诗人好像在感叹：啊，光阴就如同这逝去的江水！本篇是诗人晚年的作品，纵然壮志犹在，也毕竟已是老骥伏枥了。

诗的末六句为第三部分，抒写诗人决心遁迹山林学仙求道的情怀。诗人说自己服了九转金丹，道已而成，追随手持荷花的仙人，去到道教圣地玉京朝拜。早已和"汗漫"约好要到九天之外相聚，希望早日迎接卢虚舟一道去遨游太空。诗至此戛然而止，余味不尽。

这首诗想象丰富，意境开阔，感情豪放，气势雄伟，给人以美的享受，所以历来受到人们的珍爱。

毛泽东也非常喜爱这首诗。在《毛泽东手书选集》里，收有《庐山谣寄卢侍御虚舟》全诗一帧，用纸为红线竖格的"中国人民军事委员会"稿纸，可知书写时间当在 20 世纪 50 年代末至 60 年代初，间或有几个别字，当是凭记忆书写的。

此诗中的"登高壮观天地间"等四句，毛泽东在 1959 年 8 月和 1961

年9月曾两次手书，一赠长媳刘思齐（1960年2月和杨茂之结婚后改名刘松林），一赠当时在庐山开会的中共中央政治局常委各同志。

刘思齐1949年10月同毛泽东之子毛岸英结婚。1950年11月25日毛岸英在朝鲜前线牺牲。毛泽东写信时，刘思齐在北京大学俄罗斯语言文学系读书，身体不好，感情苦闷。毛泽东书此四句，想为她起些"消愁破闷的作用"。

1961年书赠中央常委诸同志，是因为当时由于"大跃进"的失误，加上三年困难时期，我国处于经济困难时期，书此四句诗也是要中央领导核心成员鼓起勇气，增强信心，战胜困难。

此外，游历名山大川，也是毛泽东一生所好。早在青年时代，他就在《讲堂录》中写道："汗漫九垓，遍游四宇"，"游之为益大矣哉"！益在何处？"陶写胸襟，可以养气。""消愁破闷""陶写胸襟"，正是毛泽东对文学欣赏娱乐功能的强调。

4. "桃花潭水深千尺，不及你我手足情"

红军长征途中，1935年1月19日军委纵队离开了遵义，24日先头部队占领了土城。

红军虽然得到了赤水河边的土城，形势依然很险恶。红一军团在土城前边的复兴场与川军遭遇后，总部首长本想集中兵力打击川军主力，准备消灭他两三个团，然后渡赤水河。战斗打响后，才知道敌人不止四五个团，而是九个团。情况发生了大变化，尾追的川军一部又咬上了。总部首长考虑到红军不能前后作战，在严重的敌情面前，为消灭、重创敌人的一部分，赢得再定大计的时间，紧急关头，果断决定一、三军团迅速回师土城，再加上军委纵队干部团会同五军团进行战斗，首先解决"后顾之忧"。这一仗打好了，可以打的如意算盘，保证红军渡过赤水河，走活一盘险棋。

朱德总司令决心亲临火线指挥作战。朱老总要披甲亲征，震动了全体红军，毛泽东连抽了几支烟都没有点头。朱老总把帽子一脱，说："得啰，老伙计，不要光考虑我个人的安全，只要红军胜利，只要遵义会议开出新天地，区区一个朱德又何惜？敌人的枪是打不中朱德的！"

1月18日上午，久雨初晴。毛泽东和总部其他首长为朱德到作战第一线举行欢送仪式。毛泽东从欢迎队伍排头走向排尾，迎着朱德总司令走去。朱德快步走向毛泽东，两双手紧紧地握在一起。朱德很激动："不必兴师动众，不必兴师动众。礼重了。礼重了。"毛泽东当即说道："理应如此。理应如此。桃花潭水深千尺，不及你我手足情嘛。祝总司令多抓俘虏，多打胜仗。"说话之间，这两位首长手拉着手，走到夹道欢送的队伍中。周恩来、洛甫、王稼祥、博古等也满脸笑容迎上前，和朱德亲热握手、打招呼。朱总司令一边握手还礼，一边高兴地说："有劳各位。谢谢大家的好意。"

朱德上火线后，亲自率领着一、三、五军团及干部团，分路向敌人发起了英勇的反击，打掉了敌人的嚣张气焰，阻止了敌人的进攻，为红军渡赤水河赢得宝贵的时间。后来，毛泽东在军情紧急万分的情况下，不顾冰枪冷炮的危险，带着同志们亲自迎接朱德回来。毛泽东还亲手向朱德敬上一碗茶。①"

毛泽东送朱德上前线指挥作战时吟的诗句是由唐代大诗人李白《赠汪伦》"桃花潭水深千尺"等两句诗改造而来。李诗的全文是：

> 李白乘舟将欲行，忽闻岸上踏歌声。
> 桃花潭水深千尺，不及汪伦送我情。

天宝十四载（755），李白从秋浦（今安徽贵池）前往泾县（今安徽泾县）游桃花潭，当地人汪伦常酿美酒款待他。临走时，汪伦又来为他送行，李白作了这首诗留别。

诗的前两句是叙事：先写要离去者，继写送行者，展示一幅离别的图画。起句"乘舟"表明是走水路，"将欲行"表明是在轻舟待发之际。这句使我们仿佛见到李白站在正要离岸的小船上向人们告别的情景。送行者

---

① 许长庚：《毛主席欢送朱总司令上火线》，《星火燎原》1985年第1期。

是谁呢？一群村人踏地为节拍，边走边唱前来送行了。这句诗说得比较含蓄，未见其人，先闻其声，但已经呼之欲出了。这是诗人用了曲笔。

诗的后半是抒情。第三句遥接起句，进一步说明放船地点在桃花潭。"深千尺"，既描绘潭水的特点，又为结句预伏一笔。桃花潭水是那样深湛，更触动了离人的情怀。难忘汪伦的深情厚意，水深情深自然便联系起来了。结句进出"不及汪伦送我情"，以比物手法形象地表达了真挚纯洁的友情。潭水已"深千尺"，那么汪伦送李白的情谊有多深呢？耐人寻味。妙就妙在"不及"二字，好就好在不用比喻而用比物手法，变无形的友谊为生动的形象，空灵而有余味，自然而又情真。

这首小诗，深为后人赞赏。"桃花潭水"就成为后人写别情的常用语。由于这首诗，使桃花潭一带留下许多优美的传说和旅游资源，如东岸题有"踏歌古岸"门额的踏歌岸阁，西岸彩虹冈石壁下的钓隐台等，至今成为著名的旅游胜地。

喜读李白诗的毛泽东在送朱德上前线时，"桃花潭水深千尺"，张口即来，又对下句"不及汪伦送我情"加以改造，将"汪伦"改为"你我"，"送我情"改为"手足情"，人物由"朋友"关系拉近为"兄弟"，足见战友情深！

（四）"诗鬼""李贺诗很值得一读"

李贺一生，以诗为业，所作多古诗、乐府，极少近体诗。其诗在内容上，对唐王朝统治集团的昏庸腐朽、宦官专权、藩镇割据的现实，加以揭露、批判，也表现出政治上不得志的悲愤；在艺术上，李贺诗上承楚辞、和南朝乐府的浪漫主义传统，下继李白的浪漫主义精神，并直接受韩愈的影响，形成想象丰富、构思新奇、意境迷离、语言瑰丽的积极浪漫主义风格。在中唐诗坛上独树一帜，并对后世产生一定影响。不足之处在于有些作品情调阴郁低沉，语言过于雕琢，不甚好懂。有《昌谷集》。

　　毛泽东在读《初唐四杰集·王勃〈秋日楚州郝司户宅饯崔使君序〉》时批注道："还有李贺死时二十七，夏完淳死时十七，都是英俊天才，惜乎死得太早了。"[①]毛泽东于 1958 年 5 月 8 日在中共八大二次会议第一次讲话中说："唐朝诗人李贺，河南宜阳人，死的时候只有二十七岁。"[②]毛泽东称赞李贺是"英俊天才"，并惋惜他"死得太早了"。

　　那么，李贺到底是怎样一位作家呢，值得毛泽东向诗人陈毅郑重推荐？李贺（790—816），字长吉，昌谷（今河南宜阳西）人。唐代诗人。唐宗室郑王李亮的后裔，至贺家世已衰，生活困顿。因避其父晋肃名讳，谓"晋""进"同音，"父名晋肃，子不得举进士"，被迫不得应进士科考试，韩愈曾为之作《讳辩》。自幼聪明，少有诗名，作诗极为刻苦，曾深得韩愈与皇甫湜赏识，和沈亚之友善。仕途不得意，一生只做了三年奉礼郎便郁郁而死，年仅 27 岁。

　　在 1958 年 1 月 16 日南宁会议的讲话中，毛泽东说："光搞现实主义一面也不好，杜甫、白居易哭哭啼啼，我不愿看，李白、李贺、李商隐，搞点幻想。我们党建党以来，几十年没正式研究过这问题。"[③]幻想是浪漫主义诗人的主要特征之一，这大概是毛泽东喜欢"三李"的重要原因。

　　1958 年 3 月 22 日，毛泽东在成都会议上，谈到要破除迷信、大胆创造时，说："中国的儒学家，对孔子就是迷信，不敢称孔丘。唐朝李贺就不是这样，对汉武帝直写其名，曰刘彻、刘郎，称魏夫人为魏（按：应作卫）娘。一有迷信就把我们的脑子镇压住了，不敢跳出圈子想问题。"他赞扬李贺胆子很大。

　　1965 年 7 月 21 日，毛泽东在《致陈毅》信中写道："李贺除有很少几首五言律外，七言律他一首也不写。李贺诗很值得一读，不知你有兴趣否？"[④]建议陈毅多读李贺诗。

　　毛泽东非常重视李贺，很喜欢读李贺的诗。

① 《毛泽东读文史古籍批语集》，中央文献出版社 1993 年版，第 11 页。
② 王子今：《毛泽东与中国史学》，中共中央党校出版社 1993 年版，第 199 页。
③ 陈晋主编：《毛泽东读书笔记解析》下册，广东人民出版社 1996 年版，第 1260 页。
④ 《毛泽东书信选集》，人民出版社 1983 年版，第 608 页。

在《新唐书·李贺传》中，他在天头上标写着"李贺"两个醒目的大字，在记载李贺写诗"未始先立题，然后为诗，如他人牵合程课者"等处，逐句加了旁圈。在一本刘大杰编写的《中国文学发展史》的目录上，对"第十章，李贺、李商隐及晚唐诗人"中李贺的名字下，他用红笔画有着重线，在"第十章"前用红笔画着大圈。在一本《李长吉歌诗集》杜牧写的序言中，毛泽东多处画着曲线和圈[①]。

在中南海毛泽东故居菊香书屋里，藏有多种版本的李贺诗集，如《李长吉歌诗集》《李长吉集》《李昌谷诗集》《李昌谷诗注》等等。这些诗集中，每本都有毛泽东的圈画。李贺流传于世的诗约223首，毛泽东圈画过的有83首之多，有些诗还圈画过四五次[②]。这说明毛泽东对李贺的个人经历和诗歌创作的研究，是颇下了一番功夫的。

毛泽东对李贺诗歌的偏爱和熟悉，还有这样一个例子。1959年3月，文物出版社刻印了一册线装本的《鲁迅诗集》。其中的《湘灵歌》，是鲁迅于1931年3月5日写赠给日本友人松元三郎的。"湘灵"是古代楚人神话里的湘水女神，鲁迅借用这个古代神话，表达对国民党反动派杀害共产党人和革命群众的强烈憎恨，以及对死难者的哀思。全诗为："昔闻湘水碧如染，今闻湘水胭脂痕。湘灵妆成照湘水，皎如皓月窥彤云。高丘寂寞竦中夜，芳荃零落无余春。鼓完瑶琴人不闻，太平成象盈秋门。"毛泽东在该诗末句旁边批注："从李长吉来。"[③]李贺在《自昌谷到洛后门》一诗中有"九月大野白，苍岑竦秋门"之句。明代曾益注："《洛阳故宫纪》云：洛阳有宜秋门、千秋门。"洛阳是唐朝的东都，鲁迅借指国民党政府首都南京。

李贺的诗富于想象，这与毛泽东的浪漫主义气质正相吻合。这大概是毛泽东喜欢李贺诗的重要原因。浪漫主义的本质是理想主义精神，它往往运用奇特的想象、大胆的夸张等手法，塑造奇特的艺术形象。李贺

① 张贻玖：《毛泽东评点、圈阅的中国古典诗词》，中国工人出版社1992年版，第131—132页。

② 张贻玖：《毛泽东评点、圈阅的中国古典诗词》，中国工人出版社1992年版，第131—132页。

③ 陈晋主编：《毛泽东读书笔记解析》下册，广东人民出版社1996年版，第1304页。

的诗大体上有讽喻、抒情、神怪、咏物等种类。这四类诗，毛泽东都有不少圈画。在讽喻类中，《秦王饮酒》讽刺唐朝宫廷酣歌宴舞，夜以继日的逸乐生活；《昆仑使者》批判唐宪宗求仙；《雁门太守行》歌颂削平藩镇叛乱；《老夫采玉歌》揭露封建统治阶级对人民的剥削迫害；《黄家洞》反映对少数民族的军事镇压；《送沈亚之歌》抨击科举制度不能选拔真正有用的人才，等等。这些诗从不同方面揭露批判黑暗政治和不良社会现象，毛泽东都圈阅过。

在抒情类作品中，毛泽东圈画得较多的是李贺的《南园十三首》和《马诗二十三首》。这两组诗是诗人用托物言志、借景抒情手法，抒发自己对政治、对人生的抱负和感慨。毛泽东除了在几部李贺的专集中圈画了这些诗外，在《唐诗别裁集》中也作了圈画。而《南园》之五："男儿何不带吴钩？收取关山五十州。请君暂上凌烟阁，若个书生万户侯？"《南园》之六："寻章摘句老雕虫，晓月当帘挂玉弓。不见年年辽海上，文章何处哭秋风？"这两首诗是抒发诗人要求参加削藩平叛的战斗豪情，嘲讽那些死读经书，无所作为的腐儒的。这两首诗毛泽东圈画最多。这类诗还有《浩歌》："南风吹山作平地，帝遣天吴移海水。王母桃花千遍红，彭祖巫咸几回死？"诗人用神话传说，描绘自然界的变化，感叹人生易老，因而怀念历史上知人善任的平原君赵胜："买丝绣作平原君，有酒惟浇赵州土！"这首发愤抒情之作，表达了诗人渴望在少壮时期奋发图进的强烈愿望。这首诗毛泽东也多次圈画过。《马诗二十三首》，借咏马以反映现实政治，抒发作者的愤激心情，毛泽东也多有圈画。

李贺是一个青年诗人，但在他的作品中出现的"死"字却达20多个，"老"字多达50个，反映了他对好景不长、时光易逝的感伤情绪。"况是青春日将暮，桃花乱落如红雨"（《将进酒》），就表达了他对现实人生无可奈何的心情。于是他探索死亡的途径，便产生了对神仙境界的奇妙幻想。王母、嫦娥等神话人物，银浦、月宫等天国风光，出现在《天上谣》《梦天》等名作中，极奇丽谲幻之观。而在《古悠悠行》《官街鼓》《神弦》《神弦曲》等作品中，则写到神仙的虚诞和沧桑的变化。既然死亡无法逃避，于是又出现了对另一种鬼魅世界的描写："秋坟鬼唱鲍家诗，恨血千年土中碧"(《秋来》)、"百年老鸮成木魅,笑声碧火巢中起"(《神弦曲》)。这些诗,毛泽东都加以圈画。李贺写的这种神怪诗并不多,总数不过十余首,却占其名作的一半以上,因此宋人钱易、宋祁等称李贺为"诗鬼"。于是,如同李白被称为"诗仙"、杜甫被称为"诗圣"一样,李贺便得到了"诗鬼"的雅号。

在李贺的咏物诗中,如《李凭箜篌引》《申胡子觱篥(bì lì)歌》《听颖师弹琴歌》等,通过"石破天惊"的奇特想象和比喻等手法,描绘音乐家的高超技艺和动人的音乐美,抒发诗人的怀抱,是文学史上描写音乐的名篇。毛泽东十分喜爱,前者曾多次圈阅过。《杨生青花紫石砚歌》,赞颂劳动人民巧夺天工的手艺;《罗浮山人与葛篇》,描写织布老人织雨剪湘的绝技。这些直接反映劳动人民生活的作品,毛泽东自然也加以圈画。而诗意更浓。

综上所述,李贺的诗,驰骋想象,大胆夸张,塑造奇特的形象,构成瑰丽险僻的意境,颇耐人寻味,所以,毛泽东说"李贺诗很值得一读"。

（五）李贺诗名篇欣赏

1."雄鸡一声天下白"

毛泽东不仅熟知李贺的诗,还将李贺诗中的佳句引用、化用在自己的诗词创作之中。毛泽东1950年写《浣溪沙·和柳亚子先生》一词中"雄鸡一唱天下白"[①],乃点化李贺《致酒行》中"雄鸡一声天下白"入词,形容全国解放后,由黑暗走向光明;《七律·人民解放军占领南京》引用李贺《金铜仙人辞汉歌》中"天若有情天亦老"成句入诗[②],是说苍天亦为国民党反动统治的被推翻而动情,再续以"人间正道是沧桑",阐明了

---

① 《毛泽东诗词集》,中央文献出版社1996年版,第87页。
② 同上,第74页。

翻天覆地的沧桑巨变是人类历史的发展规律。这后一句的生发，使李贺原诗的前一句变得更加积极。1958 年毛泽东写的《送瘟神二首》中"万户萧疏鬼唱歌"的诗句①，显然是从李贺《秋来》诗中"秋坟鬼唱鲍家诗"化出。此诗中的"红雨随心翻作浪"一语，系从李贺《将进酒》中"桃花乱落如红雨"点化而来②，极写风光烂漫，春光随人意，改变了李诗原有的伤春之意，有点铁成金之妙。

我们依次看一下毛泽东化用李贺诗句的几首诗。先看《致酒行》：

> 零落栖迟一杯酒，主人奉觞客长寿。
> 主父西游困不归，家人折断门前柳。
> 吾闻马周昔作新丰客，天荒地老无人识。
> 空将笺上两行书，直犯龙颜请恩泽。
> 我有迷魂招不得，雄鸡一声天下白。
> 少年心事当拏云，谁念幽寒坐呜呃。

"致酒行"即劝酒致辞之歌。诗分三节，每节四句。

从开篇到"家人折断门前柳"四句为第一节，写劝酒场面。"零落栖迟一杯酒"，先总说一句，略示以酒解愁之意。接着，诗境从"一杯酒"而转入主人持酒相劝的场面。以下两句作穿插，再申"零落栖迟"之意。"主父西游困不归"，是说汉武帝时主父偃的故事。主父偃西入关，郁郁不得志，资用匮乏，屡遭白眼（见《汉书·主父偃传》）。作者以之自比，"困不归"中寓无限辛酸之情。古人多因柳树而念别。"家人折断门前柳"，通过家人的望眼欲穿，写出自己的久羁异乡之苦，这是从对面落墨。引古自喻与对面落墨同时运用，使诗情曲折生动有味。经此二句顿宕，再继续写主人致辞。

"吾闻马周昔作新丰客"到"直犯龙颜请恩泽"是第二节，为主人致酒之词。"吾闻"二字领起，接着用了唐代宰相马周的典故。年轻时受地方官

---

① 《毛泽东诗词集》，中央文献出版社 1996 年版，第 104 页。
② 同上，第 105 页。

吏侮辱，在去长安途中投宿新丰，店主只顾热情接待那些商贩而不理睬马周。其处境狼狈岂不比主父偃更甚？但后来因替他所寄寓的主人、中郎将常何代笔写条陈，太宗大悦，予以破格提拔。"空将笺上两行书，直犯龙颜请恩泽"即言其事。实际上马周只是为太宗偶然发现，这里却说成"直犯龙颜请恩泽"，主动自荐，似乎又怂恿少年要敢于进取，创造成功的条件。

"我有迷魂招不得"至篇终为第三节，直抒胸臆作结。主人的开导使"我"这个"有迷魂招不得"者，茅塞顿开。作者运用象征手法，以"雄鸡一唱天下白"写主人的开导生出奇效，使自己心胸豁然开朗。这"雄鸡一声"是一鸣惊人，"天下白"的景象是多么光明璀璨！这一景象激起了诗人的豪情，于是末二句写道：少年正该壮志凌云，怎能一蹶不振！老是唉声叹气，那是谁也不会来怜惜你的。

"我有迷魂招不得"句中，"迷魂"，指执迷不悟。宋玉曾作《招魂》，以招屈原之魂。这里，诗人李贺用"迷魂"一词是自谦的说法，其实就是诗人的志向。"招不得"意思是难以改变。虽然现在诗人不知道自己的路应该怎样走，但是，诗人总是相信前景是光明的。所以，下句"雄鸡一声天下白"，是说鸡叫一声天就亮了，含蓄而形象地表现了诗人对前途充满了信心，充满了希望。

毛泽东在《浣溪沙·和柳亚子先生》一词中"雄鸡一唱天下白"，则指全国的解放，意义大不相同了。

2. "天若有情天亦老"

"天若有情天亦老"出自李贺的《金铜仙人辞汉歌》。原诗如下：

> 魏明帝青龙九年八月，诏宫官牵车西取汉孝武捧露盘仙人，欲立置前殿。宫官既拆盘，仙人临载，乃潸然泪下。唐诸王孙李长吉遂作《金铜仙人辞汉歌》。

> 茂陵刘郎秋风客，夜闻马嘶晓无迹。
> 画栏桂树悬秋香，三十六宫土花碧。

魏官牵车指千里，东关酸风射眸子。

空将汉月出宫门，忆君清泪如铅水。

衰兰送客咸阳道，天若有情天亦老。

携盘独出月荒凉，渭城已远波声小。

　　诗是元和八年（813）李贺因病辞去奉礼郎职务，由京赴洛途中所作。其时唐王朝国运日衰，藩镇割据，兵祸迭起，民不聊生；而诗人那"唐诸王孙"的贵族之家也早已没落衰微，报国无门，处处碰壁。诗人有感于此，因而借金铜仙人辞汉的史事，来抒发兴亡之感、家国之痛和身世之悲。

　　全诗可分为三个层次。首四句是第一个层次，借金铜仙人的"观感"慨叹韶华易逝，人生短暂。汉武帝当年炼丹求仙，梦想长生不老，结果还是像秋风中的落叶一般，倏然离去，留下的只不过是茂陵荒芜而已。画栏内高大的桂树依旧花繁叶茂，香气飘逸，三十六宫却早已空空如也，惨绿色的苔藓布满各处，荒凉冷落的面貌令人目不忍睹。

　　中四句为第二个层次，用拟人化手法写金铜仙人初离汉宫的酸苦惨凄情态，亡国之痛和移徙之悲跃然纸上。金铜仙人是刘汉王朝由昌盛到衰亡的"见证人"，眼前发生的沧桑巨变早已使他感慨万端，神惨色凄，而今自己又被魏官强行拆离汉宫，此时此刻，兴亡的感触和离别的情怀一齐涌上心头。从长安迁往洛阳，千里迢迢，远行之苦加上远离之悲，实在叫人不堪忍受。此时，关东霜风凄紧，直射眸子，不仅眼为之"酸"，而且心也为之"酸"。

　　末四句为第三节，写出城后途中的情景。这时送客的唯有路边的"衰兰"，而同行的旧时相识也只有手中的承露盘而已。这里用衰兰的愁映衬金铜仙人的愁，也映衬作者本人的愁。"天若有情天亦老"一句想象奇特，它有力地烘托了金铜仙人艰难的处境和凄苦的情怀，意境辽阔高远，感情执着深沉，真是千古名句。毛泽东同志在《人民解放军占领南京》一诗中，引用了"天若有情天亦老"这一句，用来歌颂人民解放战争的伟大胜利，并阐明发展、变化是宇宙一切事物的根本规律，赋予这一诗句新的意义。最后两句进一步描述金铜仙人恨别伤离的情绪。他不忍离去，却又不得不离去，而且随着时间的推移，离开故都越来越远。韶华易逝，人生难久，汉武盛世倏然远去。

3. "秋坟鬼唱鲍家诗"

"秋坟鬼唱鲍家诗"出自李贺的《秋来》。其原文是：

> 桐风惊心壮士苦，衰灯络纬啼寒素。
> 谁看青简一编书，不遣花虫粉空蠹。
> 思牵今夜肠应直，雨冷香魂吊书客。
> 秋坟鬼唱鲍家诗，恨血千年土中碧。

一、二句借"秋"发感，状景传情。秋风瑟瑟，落木萧萧，残灯衰照，络纬哀鸣，这些景物很容易触动才人志士的感伤情怀。

三、四两句牢骚满怀，愤愤不平。诗人青灯独伴，长夜无眠铸就的那些秋风诗篇，无人能解，无人赏识，只好束之高阁，任由无知小虫咬烂撕碎，几成粉末！皓首穷经无人问，一腔心血付东流，诗人该是何等失望，何等愤怒，何等愁惨！

五、六两句紧承三、四句的意思，描写苦中幻觉，更见愁情惨淡。诗人辗转反侧，彻夜无眠，深为怀才不遇、沉沦下潦的忧愤愁思所缠绕折磨，似乎九曲回肠都要拉成直的了。他痛苦地思索着，思索着，……在衰灯明灭之中，在迷离恍惚之际，他仿佛看到了赏识自己的知音就在眼前：在洒窗冷雨的淅沥声中，一位古代诗人的"香魂"吊问我这个"书客"来了。

七、八两句还在此基础上进一步描绘鬼魂挽唱的凄清图景。在衰灯寒窗之内，在凄风苦雨之中，诗人仿佛隐隐约约地听到秋坟鬼唱，唱鲍照当年抒愤写恨的诗句，哭诗人当下落落不合的悲伤。他的遗恨如苌弘碧血，冤魂入土，千年不化，万世不消。字面上说鲍照，实际上则是借他人之酒杯，浇自己胸中之块垒。志士才人怀才不遇，正是千古同恨！

最后再看《将进酒》：

琉璃钟，琥珀浓，小槽酒滴真珠红。

烹龙炮凤玉脂泣，罗帏绣幕围香风。

吹龙笛，击鼍（tuó）鼓；皓齿歌，细腰舞。

况是青春日将暮，桃花乱落如红雨。

劝君终日酩酊醉，酒不到刘伶坟上土！

《将进酒》是汉代的歌曲名，意谓乘着酒兴可以放言无忌。《宋书》：
"汉《鼓吹铙歌》十八曲有《将进酒曲》，古辞云：'将进酒，乘大白。'
大略以饮酒放歌为言。"此诗极写及时行乐情景。李贺长于瑰丽之辞，善
用精美物象，喜欢浓艳色彩。

李贺的《将进酒》从宴饮歌舞到人生感慨，极尽瑰丽绚烂之辞来展现
人生之享乐，在盛大而又美妙的意象中，表达诗人对于人生短暂的慨叹，
对于生命意义的别样体会。

全诗可分前后两节，前九句为第一节，写饮酒歌舞之盛。前五句写筵
宴之华贵丰盛：杯是"琉璃钟"，酒是"琥珀浓""真珠红"，厨中肴馔是
"烹龙炮凤"，宴庭陈设为"罗帏绣幕"。其物象之华美，色泽之瑰丽，
令人心醉，无以复加。它们分别用形容（"琉璃钟"形容杯之名贵）、夸张
（"烹龙炮凤"是对厨肴珍异的夸张说法）、借喻（"琥珀浓""真珠红"
借喻酒色）等修辞手法，渲染宴席上欢乐沉醉气氛，效果极强，表现了诗
人对人生的深深眷恋。接下来四个三字句写宴上歌舞音乐。"吹龙笛"，形
象地状写出笛声之悠扬有如瑞龙长吟；"击鼍鼓"，盖鼍皮坚厚可蒙鼓，着
一"鼍"字，则鼓声洪亮如闻。继而，将歌女唱歌写作"皓齿歌"，将舞
女起舞写作"细腰舞"。"皓齿""细腰"都与歌唱、舞蹈特征相关，用来
均有形象暗示功用，能化陈词为新语。仅十二字，就将音乐歌舞之美妙写
得尽态极妍。

后四句为第二节，诗人即景抒情。"桃花乱落如红雨"，这是用形象的
语言说明"青春将暮"，生命没有给人们多少欢乐的日子，须及时行乐。
在桃花之落与雨落这两种很不相同的景象中发生联想，从而创出红雨乱落
这样一种比任何写风雨送春之句更新奇、更为惊心动魄的境界，在诗人看

来，青春不是在缓缓地逝去，仿佛就在一瞬间，青春的朝阳便坠落。就如这一树桃花，绚烂地飞舞后直接落入泥土之中。所以结尾二句就出现了死的意念和"坟上土"的惨淡形象。刘伶是"竹林七贤"之一，是著名的嗜酒文人。他的好酒程度，古今难有几多人可以相比，因此不仅耗费了自己的文学才华，也影响了自己的政治前途。李贺选择"刘伶"这一人物作为创作素材，缘于李贺对于享乐生死的超然观点。从最后一句，我认为前面的铺陈可以证实这样的梦幻享乐也是士人文人可以享受的。狂欢式的风格，是李贺对于生的念想，是对于生的勇气与执着。这铸就了一道不同于他者的狂欢式话语风景。李贺是怪异的，是奇特的，他的诗歌是光怪陆离的，是凄美感伤的。

毛泽东在他的《送瘟神二首》中以"万户萧疏鬼唱歌"来形容旧社会血吸虫施虐造成的荒凉破败景象，是对李贺"秋坟鬼唱鲍家诗"抒发个人情怀的升华；而以"红雨随心翻作浪"来写解放后人民改天换地的斗争，则是对李贺"桃花乱落如红雨"诗句的点化。

4. "不知这'涛'是怎么个耕法呀？"

1958 年 10 月 8 日，毛泽东到天津视察工作，陪同的有时任天津市市长李耕涛。

一天，毛泽东问李耕涛："耕涛同志，田可耕，地可耕，不知这'涛'是怎么个耕法呀？"

李耕涛以知识渊博著称。可是对自己的名字他只知是父辈赐予，为什么叫耕涛，却从未考虑过。主席这一问，他一时语塞。毛泽东笑着说："回去想一想，解释清了可要告诉我一声哟。"

李耕涛回到家里，连夜翻查典籍，也没能查出个所以然。他又接连给好几位文史专家打电话求救，都没有一个确切答案。最后他想起当年在南开学校与周恩来同班同学的黄钰生先生。于是拨通了黄先生的电话。黄先生接完电话，稍停后对李耕涛说："请李市长背诵一首唐朝诗人李贺的诗作《杨生青花紫石砚歌》，看能不能找出结果。"李耕涛背诵起来："端州石工巧如神，踏天磨刀割紫云。"紫云，那是唐朝砚台用的上等石料紫石。

李贺诗中所说的"踏天磨刀割紫云",就是指登上岩顶开采这种石头。李耕涛想到这儿,眉梢一挑,"哼,有了",显出茅塞顿开的神采。

第二天晚上,毛泽东故作认真地问起可否找到"耕涛"两个字的出处。李耕涛胸有成竹地回答:"主席,唐朝诗人李贺有'踏天摩刀割紫云'之说,既然云可割,那涛想必也是可以耕的吧?"毛泽东听罢哈哈一笑:"有理,有理,耕涛同志,你很聪明的。"李耕涛笑着答道:"主席,不是我聪明,我是请教了老师的。"他把请教的过程讲述了一遍,毛泽东点着头深沉地说:"李市长知之为知之,不知为不知,不耻下问;黄老先生学富五车,用在应急。一个可赞,一个当学。好,好,好。①"

毛泽东与李耕涛谈话中提到的李贺的《杨生青花紫石砚歌》,原文是这样的:

> 端州石工巧如神,踏天磨刀割紫云。
>
> 傭刓(wán)抱水含满唇,暗洒苌弘冷血痕。
>
> 纱帷昼暖墨花春,轻沤漂沫松麝薰。
>
> 干腻薄重立脚匀,数寸光秋无日昏。
>
> 圆毫促点声静新:孔砚宽硕何足云!

这是一首咏物诗。所咏的对象是一位杨姓朋友的一块紫色而带青花的端州(今广东肇庆)石砚。一块端砚,为什么获得李贺的赞赏?原来端砚石质坚实、细润,发墨不损毫,利于书写,且造型美,雕琢精,唐代已享盛名,大书法家柳公权论砚时曾推为第一。端砚以紫色者尤为世所重,唐代李肇《国史补》说:"端州紫石砚,天下无贵贱通用之。"青花,即砚上的"鸲鹆眼"。它本是石上的一处青筋,可说是石病,但偏偏为人宝视。现在杨生正有这么一块青花紫石砚,无怪乎李贺要欣然命笔,一气写下这首笔饱墨酣的赞美诗了。

诗的一、二句采用浪漫手法,写石工的神奇劳动:称他们"巧"技赛

---

① 《党史博采》1995 年第 2 期。

过"神"功。开石用锤凿，李贺既以石为"云"，自然就说用"刀割"了。"天"而可"踏"，"云"而可"割"，把端州石工的劳动写"神"了。

三、四句写端砚之美。"傭刓抱水含满唇"，"傭"是说把石块磨治整齐，"刓"是说在石面上雕刻成型。"唇"是砚唇，盛水处。此句写磨制雕刻石砚，极言工技之精。"暗洒苌弘冷血痕"，写紫石砚上的青花。宋人吴淑《砚赋》说："有青点如筋头大，其点如碧玉晶莹。"人们所重，即此紫石中隐含有聚散的青花。《庄子·外物》："苌弘死于蜀，藏其血，三年而化为碧。"这里以"苌弘冷血痕"形容砚上青花。清代朱彝尊云："沉水观之，若有萍藻浮动其中者，是曰青花。"（《曝书亭集》）青花在水中才显出它的美，故前句用"抱水"，此用"暗洒"二字，言"苌弘冷血痕"般的青花。

五句至八句写墨，实则是从效果来写砚。大意是说，置砚于书斋之中，试墨于日暖之后。试墨时用水不多，轻磨几下，已墨香盈室。故磨墨时，砚脚紧贴案上，不侧不倚，磨墨其上，平稳匀称。写墨的色泽皎洁如秋阳之镜，明净无纤毫昏翳。"数寸"言砚体不大。李之彦《砚谱》云："惟斧柯山出者，大不过三四指"，正合"数寸"。

"圆毫促点声静新"，写润饱墨汁的毛笔。是说笔舔墨圆润饱满，砚不伤毫，驱使点画，纸上微有细静清新之声。

以上九句对青花紫石砚赞词已足，而意犹未尽，乃天外忽来一句——"孔砚宽硕何足云"。就是说又宽又大又旧的孔砚就不值得说了。孔子名丘字仲尼，后人称其出生地为尼山，好事者取尼山石为砚，借以"尊圣"。然尼山砚实不堪用，徒有其名，故李贺结语谓"何足云"，与起句"端州石工巧如神"意思暗对。一起一结，似无意，实有意。诗人心中的天平，称人称砚，都是有所轻重的。

总之，这首诗通篇写砚：砚质，砚色，砚型，砚体，砚品，砚德。而砚之为用，又离不开墨、笔、纸，尤其是墨，故亦涉及。但始终围绕砚，以砚为中心落笔，令读者随诗人之思想驰骋，这正是李贺浪漫主义咏物诗的特点。

黄先生关于耕涛的解法，得到毛泽东的肯定，自然是可以的。但笔者认为，不如用李贺《天上谣》中"呼龙耕烟"来解更为直接。请看原诗：

天河夜转漂回星，银浦流云学水声。
玉宫桂树花未落，仙妾采香垂珮缨。
秦妃卷帘北窗晓，窗前植桐青凤小；
王子吹笙鹅管长，呼龙耕烟种瑶草。
粉霞红绶藕丝裙，青洲步拾兰苕春。
东指羲和能走马，海尘新生石山下。

　　全诗共十二句，可分成三节。开头两句写天河：天河在转动，回荡着的流星，泛起缕缕银光。星云似水，沿着"河床"流淌，凝神谛听，仿佛潺潺有声。绚烂多姿，逗人遐想，引导他由现实世界进入幻想世界。这些是诗人站在地面上仰望星空的所见所感，写实之中揉有一些虚构成分，显示了想象的生发过程。

　　中间八句为第二节，具体描述天庭的景象，陆续展示了四个各自独立的意象。意象之一：月宫里的桂树花枝招展，香气袭人。仙女们正在采摘桂花，把它装进香囊，挂在衣带上。意象之二：秦妃当窗眺望晓色，窗前的梧桐树上立着一只小巧的青凤。这是晨光熹微之时，弄玉正卷起窗帘，观赏窗外的晨景。此句用典：秦妃即弄玉，相传为秦穆公的女儿，嫁给了萧史，学会吹箫。一天，夫妻二人"同随凤飞去"，成了神仙。弄玉升天已有一千余年，而红颜未老，那青凤也娇小如故。时间的推移，没有在她（它）们身上留下任何痕迹，这是天庭的神奇之处。然而，天宫岁月也有晨昏之别，有同世人一样的夙兴夜寐的生活习惯，这些又似与人世无异。意象之三：天上的耕牧图景——仙人王子晋吹着细长的笙管，驱使神龙翻耕烟云，播种瑶草，这是多么奇幻的景观啊！意象之四：穿着艳丽服装的仙女，漫步青洲，寻芳拾翠。青洲是传说中的仙洲，山川秀丽，林木繁密，始终保持着春天的景色。来这儿踏青的仙女，采摘兰花，只顾言谈，十分舒畅。上述四个互不连缀，然而却显得和谐统一的意象，都以仙人活动为主体，以屋宇、花草、龙凤等为陪衬，突出天上闲适的生活和优美的环境，以与人世相对比。这正是诗歌的命意所在。

　　末两句为第三节，诗人用雄浑的笔墨作了概略的点染。在青洲寻芳拾翠的仙女，偶然俯首观望，指点说：羲和驾着日车奔驰，时间过得飞快，东海三神山周遭的海水新近又干了，变成陆地，扬起尘土来了。这就是人们所常说的"沧海变桑田"。诗人借助具体的形象，表现了尘世变化之大和变化之速。对比之下，天上那种春光永驻、红颜不老的状况，就显得特别可贵。

这首游仙诗想象奇丽，具有浓烈的浪漫气息。诗人运用神话传说，创造出种种新奇瑰丽的幻境来。诗中所提到的人物和铺叙的某些情节，都是神话传说中的内容。但诗人又借助于想象，把它们加以改造，寄托了诗人心怀壮志而生不逢时，宝贵的青春年华被白白地浪费的感慨。

诗中写仙人王子晋吹着细长的笙管，驱使神龙翻耕烟云，播种瑶草。烟云可耕，波涛自然也就可耕了。似乎二者的可比性更强、更直接。

（六）"李义山无题诗现在难下断语，暂时存疑可也"

毛泽东到了垂暮之年，还给复旦大学文学史家刘大杰教授写了一封这样的信：

> 送上海复旦大学刘大杰教授先生：
>
> 我同意你对韩愈的意见，一分为二为宜。李义山无题诗现在难下断语，暂时存疑可也。奉复久羁，深以为歉。诗词两首，拜读欣然，不胜感谢。
>
> 毛泽东
>
> 二月十二日 [①]

这封信写在中共中央办公厅信访处 1975 年 8 月 7 日编印的《来信摘

---

① 《建国以来毛泽东文稿》第十三册，中央文献出版社 1998 年版，第 522 页。

要》第 540 号上。这期摘要登载了刘大杰给毛泽东的信。信中说他的文学史（按：指他的《中国文学发展史》）修改工作，一直受到主席的关怀，衷心铭感。现在报刊文章，对韩愈全盘否定，说得一无是处。他认为韩愈以道统自居，鼓吹天命，固然要严加批判，但细读他的文章，发现其思想确有矛盾之处。如赞扬管仲、商鞅之功业等，都与儒家思想不合，而倾向于法家；他的散文技巧，语法合乎规范，文字通畅流利，为柳宗元、刘禹锡所推许。对这些如果全盘加以否定，似非所宜。刘大杰认为，在批判韩愈儒家主导思想的基础上，应给他在文学史上一定的地位。对于李义山的无题诗，他认为有一部分是政治诗，也有少数是恋爱诗。刘大杰还将他作的一首七律和一首词随信呈送毛泽东。

毛泽东的复信中提到的韩愈，是唐代文学家、哲学家。李义山，即李商隐（约 813—约 858），字义山，号玉谿生，怀庆河内（今河南沁阳）人，晚唐诗人。唐文宗开成二年（837）进士，曾任弘农县尉、秘书省校书郎等职。不久，因娶李（德裕）党王茂元之女，陷于牛（僧孺）李党争的漩涡中。政治上屡受排挤，郁郁寡欢，颠沛流离，潦倒终生。后充任幕府，病死荥阳（今河南荥阳）。

李商隐工诗善文，尤以近体诗和律诗的成就为高。与杜牧齐名，人称"小李杜"，是晚唐的重要诗人。其诗题材广泛，内容丰富。政治诗针砭时弊的，揭露宦官专政，藩镇割据；咏史诗往往有讽有叹，以古喻今；咏物诗往往慨叹身世，写物的同时也写出了作者自己；爱情诗常常写相思失望，情思委婉，感情浓郁，读来令人回肠荡气，最能体现其绮丽精工、意境朦胧的艺术特色。著有《玉谿生集》。

李商隐是毛泽东非常偏爱的唐朝"三李"之一。1958 年 1 月 16 日，毛泽东在南宁会议上讲话时曾说："不愿看杜甫、白居易那种哭哭啼啼的作品，光搞现实主义一面不好，李白、李贺、李商隐，要搞点幻想，太现实就不能写诗了。"[①]

毛泽东很早就喜欢李商隐的诗，而且颇有研究。1926 年，毛泽东在

---

① 陈晋：《毛泽东的文化性格》，中国青年出版社 1991 年版，第 268 页。

武昌农民运动讲习所和黄梅邓雅声相识，他很欣赏邓雅声的旧体诗。1958年，他在武昌东湖住所回忆已牺牲的邓雅声烈士，称赞邓的名句"范叔一寒何至此？梁鸿余热不因人"，说："这两句用典，很融洽，很活，我看比李商隐的好。"

1932年冬，毛泽东在福建长汀养病期间有一天和贺子珍参观北山金沙寺，见寺里梅花盛开，脱口吟出两句诗：

　　　　春心乐共花争开，与君一赏一陶然。

首句显然出自李商隐《无题》（飒飒东风细雨来）的第七句"春心莫共花争发"；次句亦带有李商隐《锦瑟》的"只是当时已惘然"的痕迹。

毛泽东平生能背诵李商隐的不少诗篇。

1965年12月的一天，周谷城在上海见到了毛泽东。两人的谈话范围非常广泛。周谷城回忆说："我们的谈话涉及古今中外文学、史学、哲学。关于旧体诗，我们谈到了李商隐，我一时高兴，随便把李商隐的一首七言律诗用湖南腔调哼起来，曰：'海外徒闻更九州，他生未卜此生休。空闻虎旅鸣宵柝，无复鸡人报晓筹。此日六军同驻马，当时七夕笑牵牛。'把五六句哼了几遍，七八两句居然哼不出来。毛泽东知道我忘了，便笑着代我念出：'如何四纪为天子，不及卢家有莫愁'。毛泽东念出时，我跟着他的后面哼。一时心情舒畅，超乎寻常。"[①]

1975年7月，北京大学中文系讲师芦荻给毛泽东谈了李商隐的《锦瑟》：

　　　　锦瑟无端五十弦，一弦一柱思华年。
　　　　庄生晓梦迷蝴蝶，望帝春心托杜鹃。
　　　　沧海月明珠有泪，蓝田日暖玉生烟。
　　　　此情可待成追忆，只是当时已惘然。

---

① 周谷城：《回忆毛主席的教导》，《毛泽东同志八十五诞辰纪念文选》，人民出版社1979年版，第193页。

对于这首七律，从来解说不一：有说是写锦瑟之为乐器的乐音的特点，有说是对妻子的怀念，有说锦瑟是一个姑娘的名字，有说是诗人总结自己创作体验的，也有说是他年近五十自述生平的。芦荻因此请教毛泽东怎么看。

毛泽东说：不要做烦琐的钻牛角尖的研究，只要感觉文采非常美、徜徉迷离，给你一种美的享受就行了。这首诗为什么流传得这么久，自有它迷人的魅力。不要整天说它是悼亡还是托言，怎么说都可以，总之寄托了作者心中的一种惆怅。

《锦瑟》以锦瑟起兴，以首二字标题，等于"无题"。它不是咏锦瑟而是作者晚年回想过去，自述感慨。旧说种种推测都不尽可通。

首联写因瑟的柱数引起华年之思，作者时年近五十。"锦瑟"，瑟上绘文如锦。瑟是一种乐器，传说古瑟本五十弦，后代弦数不一，一般是二十五弦。"柱"，弦的支柱。"华年"，少年。

颔联是说，往事犹如梦幻，远大的抱负和美好的理想化为云烟，借庄周和望帝的事为比。《庄子·内篇·齐物论》："昔者庄周梦为蝴蝶，栩栩然蝴蝶也。""望帝"，周末蜀国君主的一个称号。他名叫杜宇，相传死后魂魄化为鸟，名杜鹃，鸣声凄哀。"春心"，《楚辞·招魂》："目极千里兮伤春心。"这里说望帝已变为杜鹃鸟，他的伤春之心只能借杜鹃的嘴叫出来。

颈联写水泡和烟影的形象，以泡、影喻往事，言可望不可即或幻灭不可复追。"月明珠有泪"，古人有海里的蚌珠与月亮相感应的传说，月满珠就圆，月亏珠就缺。"泪"，古有"鲛人泣珠"的传说，鲛人是在海里像鱼一样生活的人，能织绢，哭泣时眼泪变成珠。"蓝田"，山名，在今陕西省蓝田县东南。蓝田山是有名的产玉之地。

尾联说往日身历其境的时候已经是惘然了，并非等到回忆的时候才有此感。

这首诗确如毛泽东所说，寄托了作者心中因失意或失望而引起的一种惆怅。

一次芦荻在背诵李商隐的诗时，背错了一个字。毛泽东立即让她停下来，进行纠正，并说：读书的时候，一定要念得准确，记得精确，丝毫不能含糊。

对李商隐的"无题诗"，毛泽东也非常熟悉，并有自己的见解和评价。这些"无题诗"因大部分无所确指，成为后世文人评论的一个热点。毛泽东对此也特别留意，对古人关于一些难懂作品的解释他都很细心研究。1965年6月20日在上海接见刘大杰时，谈到李商隐的"无题诗"，毛泽东就说："无题诗要一分为二，不要一概而论。"他还谈到《李义山集》的一篇《行次西郊作一百韵》，认为这是篇史诗，可与杜甫的《北征》媲美[1]。1976年2月12日致刘大杰信又说："李义山无题诗现在难下断语，暂时存疑可也。"[2] 这是实事求是的科学态度。

毛泽东非常爱读李商隐的诗，从他中南海故居藏书看，他圈阅的李商隐诗就有30余首。李商隐的几类诗，毛泽东都有圈阅，但圈阅较多的是他的咏史诗和无题诗。

在政治诗中，毛泽东圈阅过《有感二首》和《重有感》。这几首诗都是写大和末年轰动朝野的"甘露事变"的。大和九年（835），唐文宗与宰相李训和凤翔节度使郑注等策划，假托官中石榴树夜降甘露，引诱专权宦官仇士良等往观，乘机诛杀，因所伏甲兵暴露而失败。仇士良追杀李训、郑注等人，株连1000多人。文宗被宦官挟持，下诏杀死他明知无罪的大臣王涯，史称"甘露之变"。当时宦官气焰嚣张，朝中人人自危，李商隐却敢在诗中痛斥宦官为"凶徒"，为无辜者鸣冤叫屈："谁叹御冤目，宁吞欲绝声？"王涯曾受命定《云韶乐》，诗中"近闻开寿宴，不废用《咸》《英》"。《咸》《英》为古代名曲，这里隐指王涯的《云韶乐》。意思是说文宗杀了无辜的王涯之后，在寿宴上仍然演奏他定的乐曲而无动于衷。这两句诗，把这位无权、无能而又贪于享乐的文宗皇帝刻画得入木三分。

李商隐的咏史诗，毛泽东圈画较多。前面他和周谷城一道背出的《马嵬》，便是首有名的咏史诗。它是写安史之乱，唐玄宗迫于兵变赐死宠妃杨贵妃的。在中南海故居藏书中，这首诗毛泽东有三处圈画。又如《贾

① 董学文等：《毛泽东的文艺美学活动》，高等教育出版社1995年版，第234页。
② 《毛泽东文艺评论集》，中央文献出版社2002年版，第338页。

生》："宣室求贤访逐臣，贾生才调更无伦。可怜夜半虚前席，不问苍生问鬼神！"汉文帝召见贾谊这样有才能的人，不向他征询国计民生的大事，却问鬼神之道，足见其昏庸之极。笔触含蓄，讽刺辛辣。这首诗，毛泽东圈画了六处。1965 年 6 月 28 日在上海同刘大杰教授谈话时，毛泽东还特别问刘："《贾生》一诗能背得出来吗？"刘背完后，毛泽东喟然叹道："写得好哇！写得好！"[①]《北齐二首》写北周大军出征灭齐，齐后主高纬仍在醉生梦死地过着腐朽享乐的生活；《隋宫二首》写隋炀帝荒淫无度，不听谏言等等。这些诗和《韩碑》，毛泽东都分别圈画三至五遍之多。在一本《注释唐诗三百首》中，毛泽东在《隋宫二首》《嫦娥》《贾生》等诗题目上方各画一个大圈，在正文上方天头空白处各画了三个小圈，在《筹笔驿》标题上方天头空白处连画了三个小圈，在正文上方天头空白处画了一个大圈，在《韩碑》题目上方画了一个大圈，表示比较欣赏。

无题诗是李商隐的独特创造，大部分是写爱情的，有些诗则难以确指，众说纷纭，所以毛泽东认为"要一分为二，不能一概而论"，"现在难下断语，暂时存疑可也"。这是科学的态度。李商隐的爱情诗，情致缠绵而不庸俗，毛泽东很爱读。在一本《注释唐诗三百首》中，毛泽东在《无题》（相见时难别亦难）标题上方天头空白处连画了三个小圈，在正文上方天头空白处画了一个大圈，在《无题》（来是空言去绝踪、飒飒东风细雨来、昨夜星辰昨夜风）三诗标题上方天头空白处各连画了三个圈。这些诗他在不同版本中曾多次圈画。

毛泽东不仅熟知李商隐的诗，还十分注意李诗的研究和作者的生平。对《锦瑟》一诗和首句中"五十弦"的解释，历来众说纷纭。《历代诗话》中的《锦瑟》一文，记述了苏轼的解释，作者在按语中还辑录了另外几种不同的解释，还从《汉书》《史记》中考证了瑟弦的数目。毛泽东对这些解释和考证，一路密圈。这些功夫已不是一个读者应下的，而俨然是一位学者专家了。1959 年，毛泽东视察河南，在接见沁阳县委书记时，曾关心地询问起李商隐故里沁阳雍店的情况，并指示要重视李商隐研究，保护好

---

① 孙琴安：《毛泽东与刘大杰教授谈古典文学》，《文艺报》1991 年 12 月 28 日。

有关文物史迹。

女作家、学者苏雪林在20世纪30年代写过研究李商隐的专著，为此，毛泽东还曾写信给秘书田家英："苏雪林著《李义山恋爱事迹考》请去坊间找一下，看是否可以买到，或问商务印书馆有无此书。"[①]说明他还注意了解李商隐的生平事迹。

毛泽东在诗词创作中也借鉴李商隐的诗。毛泽东很喜欢西汉谋士贾谊，曾写七绝、七律各一首咏赞他。其中《七绝·贾谊》云："贾生才调世无伦，哭泣情怀吊屈文。梁王堕马寻常事，何用哀伤付一生。"这首诗中首句是由李商隐《贾生》中"贾生才调更无伦"化用入诗。毛泽东的《七律·答友人》中"长岛人歌动地诗"，也是由李商隐《瑶池》诗中"黄竹歌声动地哀"脱化而来，《七律二首·送瘟神》中"坐地日行八万里"，与《瑶池》中"八骏日行三万里"也有明显的继承关系。

另外，毛泽东还写了一首七绝《刘蕡（fén）》："千载长天起大云，中唐俊伟有刘蕡。孤鸿铩羽悲鸣镝，万马齐喑叫一声。"这也与李商隐有关。毛泽东在读《旧唐书·刘蕡传》时，对刘蕡的策论很欣赏，旁批："起独特。"这是说通过读史书，毛泽东对刘蕡有了解。李商隐与刘蕡有交往，会昌元年（841）春李商隐与贬柳州的刘蕡在黄陵（今湖南湘阴）晤别，有《赠刘蕡》一诗记其事。第二年，刘蕡去世。听到刘蕡的死讯后，李商隐接连写了《哭刘蕡》《哭刘司户二首》《哭刘司户蕡》等四首诗沉痛悼念。痛悼志在中兴，才堪重任而终身遭斥、冤死他乡的刘蕡，深为其惋惜不平。毛泽东的七绝《刘蕡》生动地刻画了刘蕡这位有才华而受压抑的士子形象，对他表示深刻的同情与赞扬，与李诗的精神是相通的。

毛泽东终生喜读李商隐的诗，晚年视力下降，曾要出版社排大字本。当时人民文学出版社得到来自上面的通知，赶排《李义山诗文全集》线装大字本，因要赶时间，所排诗文随时呈送。1976年9月8日（毛泽东逝世前一天）还送去部分散页。

---

① 董边等：《毛泽东和他的秘书田家英》，中央文献出版社1989年版，第115页。

（七）李商隐其他名篇欣赏

1.“如何四纪为天子，不及卢家有莫愁”

到 1965 年，周谷城又在上海西部一个旧式的别墅里见到了毛泽东。周谷城一进门，毛泽东就起而笑着说：“又碰到了。”“又碰到了”这几个字，是毛泽东每次见到周谷城的时候第一句常用的话。这次在座的，有陈丕显同志。周谷城同毛泽东握手问好之后，随即转入畅谈。谈到哲学史，毛泽东说：“胡适之的中国哲学史，只写了一半，就没有下文了。”毛泽东说：“胡的白话文学史，也只写了一半，就没有下文。”毛泽东又谈到“中国佛教史没有人写，也是一个问题。”毛泽东学问渊博，对古今中外文、史、哲都有兴趣。关于旧体诗，他们谈到了李商隐；周谷城当时随便把李商隐的一首七言律诗，用湖南腔调哼起来，曰：

> 海外徒闻更九州，他生未卜此生休。
> 空闻虎旅传宵柝，无复鸡人报晓筹。
> 此日六军同驻马，当时七夕笑牵牛。

把五、六两句哼了几遍，七、八两句居然哼不出来。毛泽东知他已忘记了，便笑着代周谷城念出，曰：“如何四纪为天子，不及卢家有莫愁。”

毛泽东念出时，周谷城又跟着他的后面哼。一时心情舒畅，超出寻常。①

周谷城所哼的诗题作《马嵬》。马嵬，即马嵬坡，故址在今陕西省兴平市西。唐玄宗天宝十五载（756）六月，安史叛军攻陷潼关，玄宗与杨国忠、杨贵妃姐妹等仓皇奔蜀。行至马嵬驿，随行将士杀杨国忠，并坚决要求缢杀杨贵妃。玄宗不得已令贵妃自缢。史称“马嵬之变”。

---

① 周谷城：《回忆毛主席的教导》，《毛泽东同志八十五诞辰纪念文选》，人民出版社 1979 年版，第 193 页。

唐人吟咏马嵬之变的诗很多，大多数诗将罪责归于杨贵妃，为唐玄宗辩护。而李商隐的两首《马嵬》诗都讽刺唐玄宗。

李商隐的《马嵬》诗共二首，第一首为七绝，原文是：

> 冀马燕犀动地来，自埋红粉自成灰。
> 君王若道能倾国，玉辇何由过马嵬。

首句是指安禄山率兵十余万，自幽州杀向中原，安史之乱爆发。冀马，北方所产的战马。《左传·昭公四年》："冀之北土，马之所生。"燕犀，即燕地所出的犀牛皮甲。郑玄《周礼注》："燕近强胡，习于甲胄。"《资治通鉴》：天宝十四载，"十一月，甲子，禄山发所部兵及同罗、奚、契丹、室韦凡十五万众，号二十万，反于范阳"。诗中"冀马燕犀"虽是用典，却与当时情形暗合。时安禄山为范阳、平卢、河东三节度使，古冀州之地恰属此范围之大部。此地与契丹、奚等东胡民族相邻，人多胡化，皆壮勇，且游牧民族擅畜马匹，骑兵所过，无不披靡。首章第二句是说，玄宗亲手埋葬了自己的红颜知己，任其在马嵬坡畔成冢成灰。后二句含蓄但又不无深意地指摘明皇，你若早知沉迷于倾国之色易于覆国，又怎会有此狼狈出奔之举？一句反问，意味深长。褒姒妲己，前车之鉴，岂可忘得？

七绝之后，诗人意犹未尽。便又写出了第二首七律，周谷城所吟就是第二首七律。

"海外徒闻更九州，他生未卜此生休。"首联议论，意思是说，海外仙山，虚幻难凭，他生为夫妇的盟誓也渺茫难期，但杨贵妃马嵬身死，两人今生是肯定不能相见了。海外更九州，古代将中国分为兖、冀、青、徐、豫、荆、扬、雍、梁等九州。战国时期阴阳家邹衍曾说中国九州总名赤县神州，中国之外像赤县神州这样的州共有九个，外有大海环绕，大海环绕的九州又总称为一州，这样的州又共有九个，外有大瀛海环绕。这里的"九州"，指想象中的海外仙境。杨贵妃死后，有方士谎称在海外蓬莱仙山上找到了杨贵妃，并带回金钗钿盒作为信物。临行前杨贵妃还告诉方士，天宝十载在骊山避暑时她曾与玄宗订立"愿世世为夫妇"的盟誓（陈鸿《长恨歌传》)。两句讽刺了玄宗在杨贵妃死后命方士寻其魂魄之事。

"空闻虎旅传宵柝,无复鸡人报晓筹。"额联叙事,意思是说,玄宗奔蜀途中夜宿马嵬,唯闻禁军夜间巡逻的打梆声,再也不能如往日在宫中那样,安然高卧,等待鸡人报晓了。虎旅,指护卫皇帝的禁军。"鸣",一作"传"。"宵柝(tuò 拓)",夜间巡逻用以报警的梆子。"鸡人",宫中负责报时间的人。汉代制度,宫中不得养鸡,司晨之人候于朱雀门外,传鸡唱。"晓筹",鸡人敲击更筹(竹签)报晓,称"晓筹"。

"此日六军同驻马,当时七夕笑牵牛。"颈联继续叙事,意思是说,当年二人私语盟誓,自以为可以永世相守,哪知道却导致了今日六军驻马、生离死别的后果。"此日",指夜宿马嵬这一天。"六军同驻马",指禁军驻马不前,要求诛杀杨氏兄妹事。"当时七夕",指天宝十载七月七日夜。唐玄宗、杨贵妃在长生殿夜半私语时以为,天上牵牛、织女一年只能相会一次,不及他们能永世相守,故说"笑牵牛"。

"如何四纪为天子,不及卢家有莫愁。"尾联议论,意思是说,为什么当了四十多年皇帝的唐玄宗,到头来保不住自己的宠妃,反而不如民间夫妇能白头到老。"四纪",十二年为一纪(木星十二年绕日一周)。玄宗一共当了四十五年皇帝,故约言"四纪为天子"。"卢家有莫愁",莫愁,古时洛阳女子。南朝乐府歌辞《河东之水歌》曰:"莫愁十三能织绮,十四采桑南陌头,十五嫁为卢家妇,十六生儿字阿侯。"

这首《马嵬》,通篇寓含对唐玄宗的尖锐讽刺,很有思想特色。"如何四纪为天子,不及卢家有莫愁",这个问题本身就寓有辛辣的嘲讽。五、六两句,通过鲜明对照,对此作了回答:之所以导致"此日六军同驻马"的结局,正由于"当时七夕笑牵牛",即从前的迷恋女色、荒废朝政。马嵬之变,咎由自取。从这一点出发,诗人对玄宗派方士招致杨贵妃魂魄的行为,不予同情,而是深刺其执迷不悟;对玄宗夜宿马嵬情景的描绘,也同样暗含讽意。这从"徒闻""未卜""空闻""无复"等词语中可以明显体味出来。

这首有名的诗篇,毛泽东和周谷城都很熟悉,故谈论之间,吟咏起来,可为一段佳话。

2."历览前贤国与家,成由勤俭败由奢"

毛泽东在日常生活中,有时还善于用李商隐的诗句开导别人。20世纪50年代初,他对来自家乡的人说:"现在和将来,我们都摆不起阔气。唐代诗人李商隐有诗警醒后世人:'历览前贤国与家,成由勤俭败由奢。'你想想,我们能不养成一种勤俭节约的风气吗?"①

毛泽东谈话中所引诗句出自李商隐的《咏史》。原文如下:

> 历览前贤国与家,成由勤俭破由奢。
> 何须琥珀方为枕,岂得真珠始是车。
> 运去不逢青海马,力穷难拔蜀山蛇。
> 几人曾预南薰曲,终古苍梧哭翠华。

李商隐的咏史诗不仅咏古况今,充分反映了他进步的历史观,而且借古讽今,含蓄地表达了他的现实主义倾向,同时还借题寄慨,委婉地抒发了他怀才不遇的苦闷。李商隐的咏史诗之所以写得好,是因为他用发展变化的历史观分析社会变化,将国家的兴亡归因于"人为"。他还根据兴亡的史实,概括为"历览前贤国与家,成由勤俭破由奢"(《咏史》),提出了一切政权成败的关键在他对历史的一个根本认识是:"又闻理与乱,系人不系天。"(《行次西郊作一百韵》)在系于何人的问题上,尽管他受时代的局限,还只能将理乱的命脉系于帝王,但在他的诗中,大都是指责他们败乱国家的。因此这种揭露更有进步意义。

李商隐在本诗首联就开宗明义地提出了"历览前贤国与家,成由勤俭破由奢"的千古长叹。以其独特的视角,对中国几千年文明历史进行了最概括的总结,千百年来警示和激励着人们不停地探索国家兴盛、民族复兴的前进道路,此诗因此终成千古绝唱。

颔联中用了"琥珀枕"和"真珠车"两个典故。琥珀枕,南朝宋开国皇帝刘裕(小字寄奴)在四处征战时,有人送他一个非常名贵的琥珀枕,

① 张步真、赵志超:《故园行》,海南出版社1993年版,第109页。

价值千金。但他并没有将其据为己有，而是将其捣碎，研成琥珀粉分给各个将领给战士们治疗创伤；"岂得真珠始是车"，春秋五霸之首齐桓公，当年和诸侯王会盟，对方带来了很多车，每一辆车都用非常大的珍珠进行装饰，并以此为荣，向齐桓公大加炫耀。但齐桓公不以为然，说他有大批的人才，那才是他的奇珍异宝。

颈联用了"青海马"和"蜀山蛇"两个典故。青海马是一种产于青海的杂交马，力大善跑，据说可日行千里。以青海马喻可担当军国大事的英才。"蜀山蛇"，传说战国时秦王送五美女给蜀王，蜀王派五壮士迎娶，回来时路过梓潼，见一大蛇钻入山洞，五壮士共拔蛇尾，结果蜀山崩坍，五壮士被压死，化为巨石，蜀路因此大开，秦灭蜀国。这里以蜀山蛇比喻根深蒂固、盘根错节、难以铲除的宦官势力，他们是亡国的祸胎。"青海马""蜀山蛇"这两句话其实也暗示着唐王朝的灭亡隐隐存有天意。

尾联用了"南薰曲"的典故。《南薰曲》传说为舜所作："南风其熏兮，可以解吾民之愠兮；南风其时兮，可以阜吾民之财兮。"《南薰曲》亦称《南风歌》，一唱而天下太平，"几人曾预南薰曲"，天下将要大乱，人们再不会有机会听到像舜的《南薰曲》那样的福音了。诗人盼望着能有像舜帝一样的圣人出现，平定动乱，为天下带来和平安宁，为天下受苦的黎民百姓唱响《南风歌》一样的福音。这其实也是本诗的主旨。

毛泽东作为开国领袖，就意识到这个问题，所以中华人民共和国成立后几十年，政府是比较清廉简朴的，得到广大人民群众拥护的。这种优良传统，值得发扬。

四、"杜甫、白居易哭哭啼啼，我不愿看"

1958年1月16日，毛泽东在南宁会议上的讲话中，明确指出："光搞现实主义一面也不好，杜甫、白居易哭哭啼啼，我不愿看，李白、李贺、李商隐，搞点幻想。我们党建党以来，几十年没正式研究过这问题。"[①] 与他喜爱"三李"的诗相反，他对杜甫、白居易为代表的现实主义诗作不大满意。这又是为什么呢？其原因也有三个：

第一，对现实主义创作方法的排斥。

作为一个伟大诗人，从创作方法上来看，毛泽东主张"革命的现实主义与革命的浪漫主义相结合的创作方法"，简称"两结合"。而"两结合"是以革命现实主义为基础，以革命浪漫主义为主导，与旧现实主义相比，强调想象特别是幻想在创作中的作用，突出了理想的表现。而现实主义是强调按照生活固有样子反映生活，还要通过典型化加以强化，就会把人间惨象写得更惨，这固然能使人惊警醒，但却鼓不起劲头去改造现实。如杜甫在《自京赴奉先咏怀五百字》中写的"朱门酒肉臭，路有冻死骨"的尖锐阶级对立，《兵车行》中写的"君不见，青海头，古来白骨无人收。新鬼烦冤旧鬼哭，天阴雨湿声啾啾"，把战争写得太悲惨了，而且不区分战争的正义与非正义。或者如白居易写的"红颜暗老白发新"的上阳人（《上阳白发人》），"满面尘灰烟火色，两鬓苍苍十指黑"的卖炭翁（《卖炭翁》），"一丛深色花，十户中人赋"（《买花》），"衢州人食人"（《轻肥》）等现象。这些诗揭露社会黑暗、阶级压迫无疑是深刻的，但确实有点"哭哭啼啼"，太悲惨了。

---

① 陈晋主编：《毛泽东读书笔记解析》，广东人民出版社1996年版，第1260页。

第二，不符合客观现实的需要。

毛泽东自青年时期投身革命，与天奋斗、与地奋斗、与人奋斗。他领导我国人民经过几十年的斗争，不断取得革命的新胜利，创建了一个社会主义新中国。这是一个不断实现革命理想的过程，需要能鼓舞斗志的浪漫主义作品，而现实主义作品显然不符合需要。

第三，个人欣赏的偏爱。

总之，基于上述三个原因，毛泽东不大喜爱杜甫、白居易等现实主义作品。

（一）"诗圣"杜甫的诗"是政治诗"

在中国诗坛上，历来李白、杜甫并称，不分轩轾。但长期以来，流传着毛泽东"尊李贬杜"的说法。甚至诗人郭沫若在"文化大革命"期间写作出版《李白与杜甫》扬李贬杜，也被认为是毛泽东的授意。其实，郭沫若的《李白与杜甫》只是学术研究专著，只能是一家之言。后来郭著又再版，就很说明这个问题。

那么，杜甫是怎样一位诗人呢？

杜甫（712—770），字子美，祖籍襄阳（今湖北襄阳）。曾祖父迁居巩县（今河南巩义）。唐代伟大诗人。诗人杜审言之孙。玄宗开元后期，举进士不第，南游吴越，北游齐赵，过着"裘马颇轻狂"的生活。天宝三年（744），先在洛阳与李白相会，随后又在开封与李白、高适相会，并结下深厚友谊。天宝五年（746），到长安应试，因奸相李林甫作梗，应试的人全部落第，遂在长安潦倒十年。天宝十四年（755），才获得右卫率府胄曹参军的小官。同年安史乱起，他正在奉先县（今陕西蒲城）探亲。次年，肃宗在灵武（今宁夏灵武西南）即位，他移家鄜州（今陕西富县），只身奔灵武，不料途中被叛军俘虏。至德二年（757），脱身逃至凤翔，谒见肃宗，授官左拾遗，不久因上疏救房琯贬为华州（今陕西华县）司功参军。

乾元二年（759），他弃官西行，渡关陇，客秦州（今甘肃秦安北），寓同谷（今甘肃成县），最后到达四川，定居在成都浣花溪畔。曾在西川节度使严武幕中任节度参谋、检校工部员外郎，因史称"杜工部"。代宗永泰元年（765），他打算离蜀东去，途中滞留夔州（今重庆奉节东）两年。大历三年（768），携家出三峡，漂泊在鄂、湘一带。后死于赴郴州（今湖南郴州）的湘江舟中。

杜甫出身于世代"奉儒守官"的家庭，自幼接受封建正统思想，曾有志于"致君尧舜上，再使风俗淳"，但政治上不断受到大地主势力的排挤打击，仕途失意，又经离乱，一生都在饥寒交迫、颠沛流离中度过。他从自己的困境，体验到人民的疾苦，又在漂泊中与人民一起遭受苦难。他身经玄宗、肃宗、代宗三朝，正是唐王朝从兴盛走向衰败的时期。因而他的诗作，广泛而深刻地反映了当时的社会现实，被后人誉为"诗史"，他本人也被尊为"诗圣"。所谓"诗圣"，就是诗中之圣。语出宋秦观《韩愈论》："犹杜子美之于诗，实积众家之长……孟子曰：'伯夷，圣之清者也；伊尹，圣之任者也；柳下惠，圣之和者也。孔子，圣之时者也。孔子之谓集大成。'呜呼，杜氏、韩氏亦集诗文之大成者欤。"清人叶燮《原诗·外篇上》："诗圣推杜甫。"今人梁启超《情圣杜甫》："杜工部被后人上他徽号叫作'诗圣'。"杜甫在艺术形式上，以古体、律诗见长，风格多样，以沉郁顿挫为主；语言精练，具有高度的表现力，对后世影响很大。有《杜少陵集》。

毛泽东到底怎样看杜甫？有一个很长的变化过程。他从幼年就读过不少杜诗。早在1913年，毛泽东在湖南第一师范读书时写的《讲堂录》中就写道："著书存者，以其实也。无用而存，以其精，韩柳杜之诗是也。不然，浩如烟海塞天地矣。"又写道："游之为益大矣哉！登祝融之峰，一览众山小；泛黄渤之海，启瞬江湖失。"其中"一览众山小"，出自杜甫《望岳》诗。

1924年，毛泽东为陈子博写挽联："出师未捷身先死，长使英雄泪满襟。"此二句出自杜甫《蜀相》一诗，移用杜甫追怀诸葛亮的诗句，悼念陈子博烈士。

1938 年，毛泽东有一次和来延安的朱光等人谈论书法和艺术，他说："杜甫《观公孙大娘弟子舞剑器行并序》云：'吴人张旭，善草书书帖，数常于邺县见公孙大娘舞西河剑器，自此草书长进，豪荡感激……'不是至理名言吗？"①

1949 年，毛泽东为将上中学的女儿娇娇起学名李敏。他打开《论语》，翻到《里仁》篇，指着其中的一句话——子曰："君子欲讷于言而敏于行。"然后对娇娇解释说，讷，就是语言迟钝的意思；敏则解释很多。毛泽东讲到这里，又打开《辞源》，指着"敏"字解释道：敏字有好几种解释，如敏捷、聪敏。《论语·公冶长》中说："敏而好学，不耻下问。"敏捷而通情达理。敏，还可以解作"灵敏、迅速、敏捷多智"等，杜甫《不见》诗："敏捷诗千首，飘零酒一杯。"

有时毛泽东相当推崇杜甫。1949 年 12 月，毛泽东在赴苏联途中的列车上，与陪同的苏联汉学家费德林谈论中国古代的屈原、李白、杜甫、白居易等几位诗人，当谈到杜甫时，他说："杜甫……他是中国古代最伟大的人民诗人。他的作品是中国后人艺术欣赏的不朽文献。杜甫的诗，代表了中国人民天才的独特风格，也是给全人类留下的优秀的文化遗产。"②

可能是内外有别吧，有时候毛泽东对杜甫的评价并不高。1942 年 4 月，延安文艺座谈会召开前夕，毛泽东约见何其芳、严文井等作家时，严文井问："听说主席喜欢古典诗歌。您喜欢李白，还是杜甫？"毛泽东答："我喜欢李白。但李白有道士气。杜甫是站在小地主的立场。"

1957 年 1 月，毛泽东与诗人臧克家、袁水拍等人谈诗时说："杜甫的诗有好的，大多数并不怎么样，不甚喜爱。"③

1958 年 3 月，成都会议期间。一天，小雨如丝似线，霏霏洒洒，毛泽东对卫士长李银桥说："'好雨知时节，当春乃发生'啊！（按：语出杜诗

---

① 张贻玖：《毛泽东评点、圈阅的中国古典诗词》，中国工人出版社 1992 年版，第 96 页。

② 周爱琦译：《费德林回忆录：我所接触的中苏领导人》，新华出版社 1995 年版，第 28 页。

③ 张贻玖：《毛泽东批注历史人物》，鹭江出版社 1993 年版，第 260 页。

《春夜喜雨》）走，我们到杜甫草堂去！"

李银桥说："主席，杨主任（按：指中共中央办公厅主任杨尚昆）说不让你出去……"

"怕么事！"毛泽东出主意说："你去叫杨尚昆，让他同我们一起去！难得在成都遇上春雨，'花重锦官城'么！现在街上人少，我们穿了雨衣出去……"

毛泽东带了李银桥、封耀松、叶子龙，还有杨尚昆、罗瑞卿，一行人穿了雨衣，乘车去西郊的浣花溪畔看杜甫草堂……

在杜甫草堂的史诗堂，毛泽东浏览了宋、元两代杜诗集，对一部用雪白的宣纸影印的宋本《杜工部集》很感兴趣。在看了明清和近代刻印的各种不同版本的杜诗后，望着陈列在橱窗里的诗集，若有所思地说："是政治诗！"

在杜甫草堂的史诗堂前，毛泽东淋着蒙蒙细雨，面对梅园楠林、千竿翠竹和溪流交错的座座小桥，吟诵道：

> 去郭轩楹敞，无村眺望赊。
> 澄江平少岸，幽树晚多花。
> 细雨鱼儿出，微风燕子斜。
> 城中十万户，此地两三家。

（按：此诗为《水槛遣心二首》之一）

李银桥站在毛主席身旁说："主席，你说慢点，我得记下来。"

毛泽东笑着道："这是杜甫的诗，回北京我拿给你看。"

……

李银桥说："主席，我也写了一首诗，说的就是'大跃进'。"

毛泽东很感兴趣地说："说来大家听听。"

李银桥说："那我可说了——'春雨贵如油，不下也不愁。社员开油房，春雨遍地流！'"

"是么！"毛泽东沐浴在细雨中高兴地说："在共产党的领导下，只要有了人，什么样的人间奇迹都可以创造出来。"

毛泽东来到大廨前，仔细看悬挂着的一副楹联：

异代不同时，问如此江山，龙蟠虎卧几诗客？

先生亦流寓，有长留天地，月白风清一草堂。

毛泽东左手轻托下巴，微微地把右臂背身后，神态从容安详。他用轻微的声音朗读上联，脱口说道："是集杜句。"然后走到西头看完下联，赞同地与周围同行者说："好！"①

（按：楹联为清人顾复初作，不全是集杜句，但其中借用了杜甫的诗句。上联中"异代不同时"，出自杜甫《咏怀古迹》之二中"萧条异代不同时"句；下联中"有长留天地"，出自杜甫《送孔巢父归江东兼呈李白》中"诗卷长流天地间"句。）

在会议期间，毛泽东还借阅了杜甫草堂的各种版本的杜诗 12 部，108 本，其中有明刻本张含所选、杨慎批点的《李杜诗选》，在杨慎选的《杜诗选》上，他用铅笔圈了两首诗：《白帝城最高楼》《至后》。

在成都会议期间，毛泽东还选编了《唐宋明朝诗人写的有关四川的一些诗和词》，共收 17 位诗人的诗词 64 首，其中李白 6 首，陆游 8 首，杜诗最多，有 26 首之多。这些诗是：《剑门》《蜀相》《水槛遣心二首》（选一首）《赠花卿》《野望》《狂夫》《客至》《登楼》《绝句四首》（选一首）《咏怀古迹五首》《秋兴八首》《登高》《白帝城最高楼》《观公孙大娘弟子舞剑器行并序》。

在成都会议之前，毛泽东在 1958 年的南宁会议上说："光搞现实主义的一面也不好，杜甫、白居易哭哭啼啼，我不愿看，李白、李贺、李商隐，搞点幻想。我们党建党以来，几十年没有正式研究过这问题。"又说："太现实就不能写诗了。"

1965 年 7 月 21 日毛泽东在致陈毅的信中说："又诗要用形象思维，不

---

① 邸延生：《历史的真言——李银桥在毛泽东身边工作纪实》，新华出版社 2000 年版，第 693—695 页。

能如散文那样直说，所以比、兴两法是不能不用的。赋也可以用，如杜甫之《北征》，可谓'敷陈其事而直言之'也，其中亦有比、兴。"①

综上，我们应该怎样看待毛泽东对杜甫的评价呢？这里有几个层次的问题。

首先，从反映社会生活上，杜甫是现实主义诗人。现实主义是如实地反映社会生活。而杜甫所处的唐王朝是封建社会，封建社会是典型的阶级社会。毛泽东说杜诗是"政治诗"，是从杜甫诗的内容来说的。政治是什么？毛泽东说过："阶级斗争，一些阶级胜利了，一些阶级消灭了。这就是历史，这就是几千年的文明史。拿这个观点解释历史的就叫作历史的唯物主义，站在这个观点的反面的是历史的唯心主义。"②杜甫生活在唐王朝由盛到衰的动乱年代，加之他本人仕途坎坷，流离漂泊，历经战乱，因而能够体验和同情广大人民的疾苦。其诗在抒写个人情怀时，深刻地反映了当时的社会生活和历史面貌。特别是在安史之乱中，他写的《北征》《自京赴奉先咏怀五百字》《羌村三首》《春望》和"三吏"（《新安吏》《石壕吏》《潼关吏》）、"三别"（《新婚别》《垂老别》《无家别》）等名篇，"朱门酒肉臭，路有冻死骨"等警句，几乎与事件发生同步，反映现实极为迅速，可以说是壮丽的历史画卷。他的这些诗作敷陈时事像历史一样，所以当时被誉为"诗史"。唐人孟棨《本事诗》说："杜（甫）逢（安）禄山之难，流离陇蜀，毕陈于诗，推见至隐，殆无遗事，故当时号为诗史。"又见《新唐书》卷201《杜甫传》赞。而这些所谓诗史的诗，都"是政治诗"，大概不会错吧。我们知道，毛泽东是伟大的马克思主义者，是主张阶级斗争的，他的诗词被誉为中国革命的形象化的历史，反映的是当代革命的历史，当然也是"政治诗"。一个自己写作政治诗的诗人，很难设想他会看不起写"政治诗"的同行。只能说他不满意杜甫的"有些诗并不怎么样"，也就是怪杜甫的诗形象化不够，太过于直露，没有把"政治诗"写好。

其次，从创作角度看，杜甫的诗作，特别是一些咏史、叙事之作，在

---

① 《毛泽东书信选集》，人民出版社1983年版，第608页。
② 《毛泽东选集》第四卷，人民出版社1991年版，第1487页。

表现手法上，赋多于比、兴。这也是毛泽东对杜诗评价不很高的又一原因。毛泽东在致陈毅的信中强调诗歌创作"要用形象思维"，"所以比、兴两法是不能不用的"，"赋也可以用，如杜甫之《北征》，可谓'敷陈其事而直言之'也，然其中亦有比、兴。"①

再次，在诗歌欣赏上，毛泽东更喜欢浪漫主义诗作，而不大喜欢现实主义诗作。毛泽东喜欢"三李"，因为"李白、李贺、李商隐，搞点幻想"。富于想象和幻想，这是浪漫主义的主要特征。而现实主义按照生活固有的样式反映生活，强调精确细腻地描写现实，塑造典型环境中的典型人物。"杜甫、白居易哭哭啼啼"，毛泽东自然不喜欢。毋庸置疑，艺术欣赏往往因人、因事、因时、因地而异，所谓"萝卜白菜，各有所爱"，个人偏爱，是可以的。毛泽东对杜甫的诗"不甚喜欢"，正是从艺术欣赏角度讲的。

长期以来，流传着毛泽东"尊李贬杜"之说，若作如是观，是否可以迎刃而解呢？

但事实上，毛泽东对杜甫的一些好诗和比较好的诗是很感兴趣的。这样的例子不少。

1952 年 10 月毛泽东在山东济南视察。当他来到大明湖历下亭，就指着亭柱所悬的楹联"海右此亭古，济南名士多"，对陪同者介绍说：历下亭闻名天下，主要是因为大诗人杜甫公元 745 年到齐州临邑看望其弟杜颖，而后来到济南，与当时的著名书法家北海太守李邕等人相聚历下亭。当时杜甫挥笔写下了《陪李北海宴历下亭》的著名诗篇：

> 东藩驻皂盖，北渚凌清河。
> 海右此亭古，济南名士多。
> 云山已发兴，玉佩仍当歌。
> 修竹不受暑，交流空涌波。
> 蕴真惬所遇，落日将如何。
> 贵贱俱物役，从公难重过。

① 《毛泽东书信选集》，人民出版社 1983 年版，第 608 页。

毛泽东在背完此诗后说：海右此亭古，济南名士多，便是诗中的两句①。

1956 年 4 月 5 日，《人民日报》发表根据中共中央政治局扩大会议讨论写成的编辑部文章《关于无产阶级专政的历史经验》。在中央讨论这篇文章时，毛泽东给大家念了杜甫的《戏为六绝句》之二：

> 王杨卢骆当时体，轻薄为文哂未休。
> 尔曹身与名俱灭，不废江河万古流。

意思是说，苏共中央背离了无产阶级专政，将无损于社会主义革命运动。

1959 年前后，毛泽东读《初唐四杰集》，为王勃的《秋日楚州郝司户宅饯崔使君序》写了一个长达千余字的批注，认为杜甫称赞"'王杨卢骆当时体，……不废江河万古流'，是说得对的，为文尚骈，但是唐初王勃等人独创的新骈、活骈，同六朝的旧骈、死骈，相差十万八千里。"②

1965 年 6 月 20 日，毛泽东在上海西郊一座旧式别墅里会见刘大杰。当问知刘大杰是湖南岳阳人时，毛泽东立即背诵了杜甫的《登岳阳楼》一诗，然后两人谈论古典文学。

1964 年，毛泽东南巡后由湖南乘火车回京，在岳阳站作短暂停留。当他与湖南省委书记张平化工作时，问及岳阳楼的情况，忽生灵感，挥笔手书了杜甫的《登岳阳楼》诗。毛泽东的手书，后来由两位退休工人刻制、装嵌的雕屏现挂在新修整的岳阳楼的三楼上。毛泽东在车中只是凭记忆书写，将"老病有孤舟"句笔误成"老去有孤舟"。可能随行人员不好请毛泽东重写，就"只得仍之"③。

毛泽东晚年，常请护士孟锦云为他读书。小孟文化程度不高，有些不认识的字常读错。毛泽东常给小孟纠正错音、错字。有时遇到小孟读不下去了，毛泽东很快给她接上。有一次，小孟读杜甫的《进艇》：

---

① 《毛泽东在山东》，中央文献出版社 2003 年 11 月版，第 25 页。
② 《毛泽东读文史古籍批语集》，中央文献出版社 1993 年版，第 10 页。
③ 毕桂发：《毛泽东批阅诗词曲赋全编》，中国工人出版社 1997 年版，第 464 页。

南京久客耕南亩，北望伤神坐北窗。

昼引老妻乘小艇，晴看稚子浴清江。

俱飞蛱蝶元相逐，并蒂芙蓉本自双。

茗饮蔗浆携所有，瓷罂无谢玉为缸。

小孟读到第五句，"俱飞蛱蝶元相逐"，不认识"蛱"字，卡住了，读不下去。毛泽东马上接下来，把后面四句诗一下子就念了出来。小孟很惊异，说："主席，你都这么熟，自己背诵算了，别让我给你念了。"

毛泽东说："听你念是一回事，我自己吟诵又是一回事嘛！"①

综上，毛泽东从青年到老年，在日常生活和工作中都常读、常用杜诗；不仅如此，他在自己的诗词创作中，还多处引用、化用杜甫的诗句。例如，他的《沁园春·长沙》中的"恰同学少年"，出自杜甫《秋兴八首》之三："同学少年多不贱，五陵衣马自轻肥。"他的《蝶恋花·从汀州向长沙》中的"国际悲歌歌一曲，狂飙为我从天落"，出自杜甫的《乾元中寓居同谷县作歌七首》之一："呜呼一歌兮歌已哀，悲风为我从天来。"他的《七律·和柳亚子先生》中的"落花时节读华章"，出自杜甫《江南逢李龟年》："正是江南好风景，落花时节又逢君。"他的《七律二首·送瘟神》之一中的"绿水青山枉自多"，出自杜甫的《征夫》："十室几人在？千山空自多！"他的《七绝·为女民兵题照》中的"飒爽英姿五尺枪"句的"飒爽英姿"，出自杜甫《丹青引赠曹将军霸》："褒公鄂公毛发动，英姿飒爽来酣战。"他的《七律·和周世钊同志》中的"域外鸡虫事可哀"，当是化用杜甫新题乐府《缚鸡行》诗意，等等。

毛泽东还将杜甫《丹青引赠曹将军霸》中"将军魏武之子孙，于今为庶为青门。英雄割据虽已矣，文采风流今尚存"与《韦讽录事宅观曹将军画马图》中的"曾貌先帝照夜白，龙池十日飞霹雳。内府殷红玛瑙盘，婕妤传诏才人索。盘赐将军拜舞归，轻纨细绮相追飞。贵戚权门得笔迹，始觉屏障生光辉"及《丹青引赠曹将军霸》中"弟子韩干早入室，亦能画马

---

① 郭金荣：《毛泽东读书成癖》，《时代青年》1991年第5期。

穷殊相。干唯画肉不画骨,忍使骅骝气凋丧"组句。

所谓组句,又称集句,旧时作诗方法之一。即截取前人一代、一家或数家的诗句,拼集而成一诗。毛泽东将上述杜甫两首诗的诗句组成这样一首诗(括号内为毛泽东改用的字):

> 将军魏武之子孙,于今为庶为青门。
> 英雄割据虽(今)已矣,文采风流今尚存。
> 曾貌先帝照夜白,龙池十日飞霹雳。
> 内府殷红玛脑(瑙)盘,婕好传诏才人索。
> 贵戚(族)权门得笔迹,始觉屏障生光辉。
> 弟子韩干早入室,亦能画马穷殊相。
> 干唯画肉不画骨,忍使(另)骅骝气凋丧。

毛泽东还非常关注杜甫生平和作品的研究。20世纪50年代,杜诗专家冯至写的《杜甫传》在《新观察》杂志连载,毛泽东每期必读。当《新观察》将《杜甫传》连载完后,毛泽东说:"《新观察》现在将《杜甫传》登完了,我《新观察》也不要看了。"他对杜诗的研究也很重视,熟知各种杜诗版本。1959年5月,他对作家、人民文学出版社社长韦君宜编的《毛主席诗词》注释本作批示时,即以杜诗注本为例指出:"诗不宜注,古来注杜诗的很多,少有注得好的,不要注了。"又据上海社会科学院孙琴安听刘大杰教授说:"毛主席之所以有扬李贬杜的想法,那是因为感到前人对杜甫的诗注家太多,号称'千家',李白诗注家太少。同为大诗人,注家相差却如此悬殊,觉得有点不平。而在他看来,李白诗的成就与价值又不在杜甫之下。"

毛泽东还手书过杜甫下列诗作:《曲江二首》(句)《春望》(前四句)《水槛遣心》("细雨鱼儿出,微风燕子斜"二句)《登高》《秋兴八首》(两幅:一幅为"夔府孤城落日斜"一首全诗;一幅为"玉露凋伤枫树林"一诗的后四句)《江南逢李龟年》《登岳阳楼》《绝句》(两个黄鹂鸣翠柳)《丹青引赠曹将军霸》与《韦讽录事宅观曹将军画马图》两诗组句。

（二）杜甫诗名作欣赏

1."赋也可以用，如杜甫之《北征》"

1965 年 7 月 21 日致陈毅信说：

陈毅同志：

你叫我改诗，我不能改。因我对五言律，从来没有学习过，也没有发表过一首五言律。你的大作，大气磅礴。只是在字面上（形式上）感觉于律诗稍有未合。因律诗要讲平仄，不讲平仄，即非律诗。我看你于此道，同我一样，还未入门。我偶尔写过几首七律，没有一首是我自己满意的。如同你会写自由诗一样，我则对于长短句的词学稍懂一点。剑英善七律，董老善五律，你要学律诗，可向他们请教。

西 行

万里西行急，乘风御太空。

不因鹏翼展，哪得鸟途通。

海酿千钟酒，山裁万仞葱。

风雷驱大地，是处有亲朋。

只给你改了一首，还很不满意，其余不能改了。

又诗要用形象思维，不能如散文那样直说，所以比、兴两法是不能不用的。赋也可以用，如杜甫之《北征》，可谓"敷陈其事而直言之也"，然其中亦有比、兴。"比者，以彼物比此物也"，"兴者，先言他物以引起所咏之词也"。韩愈以文为诗；有些人说他完全不知诗，则未免太过。如《山石》《衡岳》《八月十五酬张功曹》之类，还是可以的。据此可以知为诗之不易。宋人多数不懂诗是要用形象思维的，一反唐人规律，所以味同嚼蜡。以上随便谈来，都是一些古典。要作今诗，则要用形象思维方法，反映阶级斗争与生产斗争，古典绝不能要。但用白话写诗，几十年来，迄无成功。民歌中倒是有一些好的。

将来趋势，很可能从民歌中吸引养料和形式，发展成为一套吸引广大读者的新体诗歌。又李白只有很少几首律诗，李贺除有很少几首五言律外，七言律他一首也不写。李贺诗很值得一读，不知你有兴趣否？

　　祝好！

毛泽东

一九六五年七月二十一日 ①

　　毛泽东在信中谈的一个重要理论问题是形象思维。那么什么是形象思维呢？形象思维是用直观形象和表象解决问题的思维，其特点是具体形象性，也称"艺术思维"。形象思维是作家、艺术家在创作过程中对大量表象进行高度的分析、综合、抽象、概括，形成典型性形象的过程。

　　形象思维是反映和认识世界的重要思维形式，是培养人、教育人的有力工具，在科学研究中，科学家除了使用抽象思维以外，也经常使用形象思维。

　　形象思维与逻辑思维是两种基本的思维形态，过去人们曾把它们分别划归为不同的类别，认为"……科学家用概念来思考，而艺术家则用形象来思考"。这是一种误解。

　　写诗要用形象思维方法，就要用赋、比、兴。毛泽东认为杜甫的《北征》用的就是赋的方法。所谓赋"就是敷陈其事而直言之"。

　　中国古代对于诗歌表现方法的归纳，是根据《诗经》的创作经验总结出来的。最早的记载见于《周礼·春官》："大师……教六诗：曰风，曰赋，曰比，曰兴，曰雅，曰颂。"后来，《毛诗序》又将"六诗"称为"六义"："故诗有六义焉：一曰风，二曰赋，三曰比，四曰兴，五曰雅，六曰颂。"唐代孔颖达《毛诗正义》对此解释说："风、雅、颂者，《诗》篇之异体；赋、比、兴者，《诗》文之异辞耳。……赋、比、兴是《诗》之所用，风、雅、颂是《诗》之成形。用彼三事，成此三事，是故同称为义。"今人普遍认为"风、雅、颂"是关于《诗经》内容的分类；"赋、比、兴"

---

　　① 《毛泽东书信选集》，人民出版社1983年版，第607—608页。

则是指它的表现手法。

比、兴比较简单：比是比喻。相当于现在的比喻修辞方法；兴是托物起兴，先言他物，然后借以联想，引出诗人所要表达的事物、思想、感情。相当于现在的象征修辞方法。

赋比较复杂。赋是平铺直叙，铺陈、排比。在篇幅较长的诗作中，铺陈与排比往往是结合在一起用的。铺排是将一连串内容紧密关联的景观物象、事态现象、人物形象和性格行为，按照一定的顺序组成一组结构基本相同、语气基本一致的句群。它既可以淋漓尽致地细腻铺写，又可以一气贯注、加强语势，还可以渲染某种环境、气氛和情绪。在赋体中，尤其是富丽华美的汉赋中，赋法被广泛地采用。汉乐府和汉代某些五言诗也与汉赋互相影响，更将铺陈与排比相结合，相得益彰。

比、兴一般用于作品局部，而赋则用于整篇作品。

毛泽东认为杜甫的《北征》是用赋法的典范。我们且看这篇作品：

皇帝二载秋，闰八月初吉。

杜子将北征，苍茫问家室。

维时遭艰虞，朝野少暇日。

顾惭恩私被，诏许归蓬荜。

拜辞诣阙下，怵惕久未出。

虽乏谏诤姿，恐君有遗失。

君诚中兴主，经纬固密勿。

东胡反未已，臣甫愤所切。

挥涕恋行在，道途犹恍惚。

乾坤含疮痍，忧虞何时毕？

靡靡逾阡陌，人烟眇萧瑟。

所遇多被伤，呻吟更流血。

回首凤翔县，旌旗晚明灭。

前登寒山重，屡得饮马窟。

邠郊入地底，泾水中荡潏。

猛虎立我前，苍崖吼时裂。

菊垂今秋花，石戴古车辙。

青云动高兴，幽事亦可悦。

山果多琐细，罗生杂橡栗。

或红如丹砂，或黑如点漆。

雨露之所濡，甘苦齐结实。

缅思桃源内，益叹身世拙。

坡陀望鄜畤，岩谷互出没。

我行已水滨，我仆犹木末。

鸱鸟鸣黄桑，野鼠拱乱穴。

夜深经战场，寒月照白骨。

潼关百万师，往者散何卒？

遂令半秦民，残害为异物。

况我堕胡尘，及归尽华发。

经年至茅屋，妻子衣百结。

恸哭松声回，悲泉共幽咽。

平生所娇儿，颜色白胜雪。

见爷背面啼，垢腻脚不袜。

床前两小女，补绽才过膝。

海图拆波涛，旧绣移曲折。

天吴及紫凤，颠倒在裋褐。

老夫情怀恶，呕泄卧数日。

那无囊中帛，救汝寒凛栗。

粉黛亦解包，衾裯稍罗列。

瘦妻面复光，痴女头自栉。

学母无不为，晓妆随手抹。

移时施朱铅，狼藉画眉阔。

生还对童稚，似欲忘饥渴。

问事竞挽须，谁能即嗔喝？

翻思在贼愁，甘受杂乱聒。

新归且慰意，生理焉得说？

至尊尚蒙尘，几日休练卒？

仰观天色改，坐觉妖氛豁。

阴风西北来，惨澹随回纥。

其王愿助顺，其俗善驰突。

送兵五千人，驱马一万匹。

此辈少为贵，四方服勇决。

所用皆鹰腾，破敌过箭疾。

圣心颇虚伫，时议气欲夺。

伊洛指掌收，西京不足拔。

官军请深入，蓄锐可俱发。

此举开青徐，旋瞻略恒碣。

昊天积霜露，正气有肃杀。

祸转亡胡岁，势成擒胡月。

胡命其能久？皇纲未宜绝！

忆昨狼狈初，事与古先别。

奸臣竟菹醢，同恶随荡析。

不闻夏殷衰，中自诛褒妲。

周汉获再兴，宣光果明哲。

桓桓陈将军，仗钺奋忠烈。

微尔人尽非，于今国犹活。

凄凉大同殿，寂寞白兽闼。

都人望翠华，佳气向金阙。

园陵固有神，扫洒数不缺。

煌煌太宗业，树立甚宏达。

　　唐肃宗至德元年（756），杜甫自鄜州（今陕西富县）赴灵武，中途为胡兵所俘，被解送长安困居。二年（757）正月，安禄山被其子安庆绪所杀，二月，肃宗自彭原（今甘肃宁县）迁凤翔（今陕西凤翔）。四月，杜甫逃出长安，奔赴凤翔，到达后，在五月十六日受任左拾遗。就在此月，上疏论房琯不当罢相，触怒肃宗，几陷不测，得宰相张镐解救，乃免。杜甫出于为国而奋不顾身，仍想积极履行谏诤职责，肃宗对此并不乐意，在八月底下"墨制"（皇帝用黑笔亲书的诏令）准他往鄜州探家。闰八月初一日，杜甫自凤翔出发赴鄜州，到达后写了这首《北征》。鄜州在凤翔东北，"北征"即北行之意。征，旅行。此诗题下原有注云："归自凤翔。墨制放往鄜州，作。"

这首长篇叙事诗共一百四十句。全诗充满忧国忧民的情思，怀抱中兴国家的希望，反映了当时的政治形势和社会现实，表达了人民的情绪和愿望。

全诗从朝廷所在的凤翔到杜甫家小所在的鄜州的历程，可分五节，从开头到"忧虞何时毕"为第一节，叙述了蒙恩放归探亲、辞别朝廷登程时的忧虑情怀；从"靡靡逾阡陌"至"残害为异物"为第二节，叙说从凤翔到鄜州一路上的经历和感想；从"况我堕胡尘"至"生理焉得说"为第三节，叙说久别回家及其到家后与妻子儿女团聚的悲喜交集情景；从"至尊尚蒙尘"至"皇纲未宜绝"为第四节，在家中关切国家形势和提出以官军为主，借用回纥兵力，一举扫平敌人在东方和北方的各个据点；从"忆昨狼狈初"至篇末为第五节，回顾了朝廷在安禄山叛乱后的可喜变化和表达了自己对国家前途的信心、对肃宗中兴的期望。它像上表奏章一样，写明年月日，谨称"臣甫"，恪守臣节，忠悃陈情，先说离职的不安，次叙征途的观感，再述家室的情形，更论国策的得失，而归结到歌功颂德。这一结构合乎礼数，尽其谏职，顺理成章，而见美刺。不难看到，诗人采用这样的陈情表的构思，显然出于他"奉儒守官"的思想修养和"别裁伪体"的创作要求，更凝聚着他与国家、人民休戚与共的深厚感情。

从艺术上说，它既要通过叙事来抒情达意，又要明确表达思想倾向，因而主要用赋的方法来写，是自然而恰当的。它也确像一篇陈情表，慷慨陈词，长歌浩叹，然而谨严写实，指点有据。从开头到结尾，对所见所闻，一一道来，指事议论，即景抒情，充分发挥了赋的长处，具体表达了陈情表的内容。但是为了更形象地表达思想感情，也由于有的思想感情不宜直接道破，诗中又灵活地运用了各种比、兴方法，既使叙事具有形象，意味深长，不致枯燥；又使语言精练，结构紧密，避免行文拖沓。例如诗人登上山冈，所见鄜州郊野山水地形及植物势态："前登寒山重，屡得饮马窟。邠郊入地底，泾水中荡潏。猛虎立我前，苍崖吼时裂。菊垂今秋花，石戴古车辙。青云动高兴，幽事亦可悦。山果多琐细，罗生杂橡栗。或红如丹砂，或黑如点漆。雨露之所濡，甘苦齐结实。缅思桃源内，益叹身世拙。坡陀望鄜畤，岩谷互出没。我行已水滨，我仆犹木末。鸱鸟鸣黄桑，野鼠拱乱穴。夜深经战场，寒月照白骨。"这里的"猛虎""红如丹砂"、"黑如点漆"，都是比喻；又如诗人用观察天象方式概括当时平叛形势，实际上也是一种比、兴。"而青云动高兴，幽事亦可悦"，天色好转，妖气消散，豁然开朗，显然是指叛军在失败；而后面的"阴风西北来，惨澹随回纥"，阴风飘来则暗示了诗人对回纥军的态度。这显然是一种起兴手法，含有深沉的感慨和寄托，读者自可意会。再如诗人回到家以后所见妻子儿女情状，也采取白描手法铺写，兼用比喻和夸张，生动形象，诗意盎然。诸如此类，倘使都用直陈，势必繁复而无诗味，便当真成了章表。因而诗人采用以赋为主、有比有兴的方法，恰可适应表现本诗所包括的宏大历史内容的需要，也显示出诗人在诗歌艺术上的高度才能和浑熟技巧，足以得心应手、运用自如地用诗歌体裁来写出这样一篇"博大精深、沉郁顿挫"的陈情表。这类叙事诗，还有名的《自京赴奉先咏怀五百字》《兵车行》《丽人行》等都很出色，不再赘述。

2."全诗以口语写心中之事"

1975 年初，孟锦云来到毛泽东身边做护士工作，闲时，毛泽东也经常让她给自己读书。

一天，孟锦云先给毛泽东读了一首陈子昂的《登幽州台歌》，读得很好，毛泽东很高兴。他对孟锦云说："怎么样，再读一首听听。"

毛泽东话音刚落，小孟便像早有准备似的，读起杜甫的《赠卫八处士》：

人生不相见，动如参与商。

今夕复何夕，共此灯烛光。

少壮能几时，鬓发各已苍。

访旧半为鬼，惊呼热中肠。

焉知二十载，重上君子堂。

惜别君未婚，儿女忽成行。

怡然敬父执，问我来何方？

问答乃未已，驱儿罗酒浆。

夜雨剪春韭，新炊间黄粱。

主称会面难，一举累十觞。

十觞亦不醉，感子故意长。

明日隔山岳，世事两茫茫。

这首诗，小孟给毛泽东读过多次。之所以是多次，是因为小孟觉得这首诗特别顺口，毛泽东也特别喜欢这首诗。毛泽东曾对她说过："全诗以口语写心中之事，毫无雕琢之工。"① 每次小孟读完之后，毛泽东还要再吟诵一遍。这样，小孟就在这本诗集里夹上一张小纸条，做个记号，一翻就能找到。只要毛泽东让她读唐诗时，她便很快找到这首诗，顺畅地读起来。

唐肃宗乾元元年（758），杜甫因上疏救房琯获罪，被贬为华州（今陕西华县）司功参军。第二年春天，他从洛阳返华州任所，路遇卫八处士，因作此诗。"卫八处士"，名不详。"处士"，隐居不仕的士人。

这首诗描写了诗人和知交卫八在春天的夜晚久别重逢、畅饮话别的生动场面和感人情谊。

诗一开端就感亲朋之间别易会难，动不动就像参商二星不能相遇。"参"即二十八宿中的参宿，"商"即心宿，两星东西相对，此出彼没，永不相见。

接着细致地叙写和老朋友见面的心理活动以及主宾间的问答情况。乍

---

① 郭金荣：《毛泽东爱听唐诗》，《人民日报》1992年5月30日。

四、"杜甫、白居易哭哭啼啼，我不愿看"

一相见，彼此都感到苍老了，问到一些老友，也大都离开人世，这更加深了动乱岁月中人生无常的感慨。但意想不到的是时隔20年，两位老朋友又相聚了。20年前离别时，卫八还未结婚，如今已是儿女满堂了，叫人喜出望外。

之后诗人笔锋一转，着力描写在老友家中所受到的亲切热烈的招待场面：夜雨春韭，新炊黄粱，罗酒浆，累十觞，开怀畅饮，情意深长，真是"酒逢知己千杯少"！最后写相会又即相别，后会难期，诗人在感人肺腑的氛围中，发出了人生无常、世事难料的深沉感叹。《杜诗镜铨》中引张上若语，称此诗"情景逼真，兼极顿挫之妙"。

毛泽东称此诗"以口语写心中之事，毫无雕琢之工"，确实抓住了它的特点。这首诗有接近汉魏古诗和陶渊明诗歌的那种古朴自然的一面。诗人只是按事件的经过，依次写出，几无用典，语言又极通俗，"以口语写心中之事"，把那一夕相会和心底激起的层层波澜一一展现在读者面前，确实"毫无雕琢之工"，朴实自然，亲切流畅，又结构谨严，浑然一体。

另外，诗中展露的质朴无华与深情而苍凉的境界，恐怕与毛泽东晚年的心境和思绪有种对应。这可能是毛泽东喜爱此诗的又一原因。

3."射人先射马，擒贼先擒王"

据毛泽东的护士长吴旭君回忆：

1972年美国总统竞选期间，毛泽东特别关注竞选情况，有一次他问吴旭君："你选谁？"

吴旭君说："民主党比较温和些。"

毛泽东说："我的看法正好跟你相反，共和党是靠反共起家的，我还要选共和党的尼克松，而且我已经投了尼克松一票。"

吴旭君说："为什么？

毛泽东说："民主党上台的时间比较长了，从30年代算起，罗斯福、杜鲁门、肯尼迪、约翰逊，一直到60年代后期。民主党在台上长达30多年。为了顺应美国民意，共和党在大选中赢了，尼克松政府在国内搞些平衡，哪怕暂时做出亲共姿态也是可以利用的。看来，尼克松意识到中国的存在的重要性。这一点，他比民主党的各届领袖们略高一筹。"

"你估计谁当选的可能性大呢？"毛泽东问吴旭君。

吴旭君考虑了一下说："这个问题很难说。我了解的背景资料不多。你说呢？"

毛泽东没直接回答，而是说："你天天跟我吹《参考》，你怎么就估计不到呢？"

吴旭君说："有的材料《参考》里是看不到的，很难说谁当选。"

毛泽东让吴旭君到他桌子上拿几份外交部的文件。在吴旭君拿来递给他的时候，他没接，而是望着吴旭君说："这是给你看的，你现在就看。"

吴旭君把这些文件看完，然后放在沙发旁边的茶几上。

"心里有数了吗？说说看。"毛泽东鼓励吴旭君说。

"我估计尼克松可能会再次当选。"吴旭君谨慎地说，因为这些文件也没明确提出尼克松当选的可能，只是提供了些背景材料。

毛泽东用斩钉截铁的话说："肯定是尼克松。我要请他到北京来，你看怎么样？"

吴旭君考虑了一下，反问道："跟一个反共老手会谈？你不考虑舆论对你的压力？你不考虑自己的形象是否会受到影响？这事毕竟是个新事情。"

"你又不懂了，先啃那些啃不动的骨头，好啃的放在一边留着，那是不用费力的。"说着，毛泽东笑了。吴旭君不明白他笑什么，对他说的也似懂非懂。毛又说："你给我背杜甫的《前出塞》。"显然，毛看出了吴旭君的困惑。"哪一首？"吴旭君问。她当时觉得背诗词比谈外交容易多了。毛泽东先背了一句："挽弓当挽强"。

吴旭君接着往下背道："挽弓当挽强，用箭当用长。射人先射马，擒贼先擒王。杀人亦有限，列国自有疆。苟能制侵陵，岂在多杀伤？"

吴旭君流畅地背完了。听完了吴旭君背的诗，毛泽东说："在保卫边疆，防止入侵之敌时，要挽强弓，用长箭。这是指武器在战争中的重要性，但不是决定性的因素。决定的因素是人。'射人先射马，擒贼先擒王'，这是民间流传的一句极为普通的话。杜甫看出了它的意义，收集起来放在诗中。这两句表达了一种辩证法的战术思想。我们要打开中美的僵局，不去找那些大头头，不找能够解决问题的人去谈，行吗？选择决策人中谁是对手这点很重要。当然，天时、地利、人和都是不可排除的诸因素。原先中美大使级会谈，马拉松，谈了 15 年，136 次，只是摆摆样子。现在是到了亮牌的时候啦！"说到这儿，毛泽东显得精神抖擞，眼中闪着光，连香烟都忘了抽。看来，这些不假思索、出口成章的话在他心中已经琢磨得非常透彻。吴旭君连连点头，表示同意他的说法。

吴旭君说："那么说，非尼克松不行？"

毛泽东说："把共和党这个最大的反共阻力挖掉，事情就好办了。非找尼克松不可。"果不出毛泽东所料，美国总统选举的结果，尼克松以绝对多数票当选连任。

......

尼克松访华，也受到美国国内反对派，特别是反共派的强大压力。同时，有的外电评论，说尼克松是打着白旗到北京来的。

毛泽东听了吴旭君对他说的这条消息，笑了。他说："我来给尼克松解围。"吴旭君当时也还没弄清他用什么妙法解围，只是静静地等候观察。

毛泽东作出了两点出人意料的决定。

第一，在毛泽东会见尼克松的时间上，外交部一直没作具体安排，看来可能是不好肯定毛泽东会何时接见。就在尼克松座机即将在北京机场着陆时，毛泽东对吴旭君说：你给周总理打个电话，告诉他，请总统从机场直接到游泳池，我立刻见他。外国首脑一到达北京机场后就立即受到毛泽东的接见，这种情况在以往的外交礼遇上还是较少见的。

毛泽东想用自己的行动表明他对尼克松的诚意和对他的重视。

第二，在会见的时间上，原来只 15 分钟，可毛泽东和尼克松却谈了 65 分钟。

毛泽东是想给美国的反对派看看，中国人办事是有理有情的。

这两个时间问题，不仅仅是"时间"，而是体现外交上的微妙与策略。在中美建交的全部过程中，从包括法国、罗马尼亚、巴基斯坦三条渠道建立之日起，和紧接着的基辛格博士秘密来华的谈判，到尼克松总统公开访华，以及后来的中美双方公开谈判的整个期间，周恩来经常带着王海容、唐闻生一起反反复复、来来往往，频繁地到毛泽东中南海游泳池的住地。每次，他除了向毛泽东汇报之外，还要同时磋商下次谈判的对策。那一时期，周恩来和毛泽东一样睡得非常少。

人们哪里会想得到，在接见尼克松之前，毛泽东患了一场大病，接见当时是大病初愈，就在接见前的十几天，他还躺在床上，很少下地活动。我方医护人员在与接见大厅尽可能靠近的地方准备了一切急救用品，处于"一级战备"状态。连强心剂都抽到了针管里准备着，以防万一。而毛泽东与衰老、疾病作斗争的惊人毅力是无法用语言形容的，他那种不达目的誓不罢休的顽强精神令人敬佩与感动。

接见尼克松的事过去以后，毛泽东曾高兴地对吴旭君说："中美建交是一把钥匙。这个问题解决了，其他的问题就迎刃而解了。"

的确，那一阵子，中国一下子就成为世界注视的中心，中国加入联合国，中美建交，中日建交，等等。这一时期发生的事，都是在毛泽东的长久以来的预想计划中逐步实现的。①

毛泽东在与吴旭君谈话中引用的是《前出塞》的第六首，意在讽刺唐玄宗的开边黩武。《出塞》《入塞》是汉乐府旧有的曲名，是以歌唱边塞战斗生活为题材的军歌。杜甫写出塞曲多首，先写的九首称为《前出塞》，后写的五首称为《后出塞》。《前出塞》写天宝末年唐将王忠嗣、高仙芝、哥舒翰先后与吐蕃交战的事，也有人认为是唐肃宗乾元时追作的。这组诗通过一个征夫的自述，反映了从出征到论功的十年征战生活。

吴旭君给毛泽东背诵的这首《前出塞》，可分为前后两节。

"挽弓当挽强，用箭当用长。射人先射马，擒贼先擒王。"前四句为第一节，很像当时军中流行的作战歌诀，颇富韵致，饶有理趣，深得议论要领。所以黄生说它"似谣似谚，最是乐府妙境"。它是作战经验的总结，前两句讲怎样选用武器，后两句讲怎样制胜敌人。两个"当"字，两个"先"字，妙语连珠，提出了作战步骤的关键所在，强调部队要强悍，

---

① 吴旭君：《毛泽东的五步高棋——打开中美关系大门始末》，《历史的真实》，中央文献出版社1998年版，第250—255页。

武器要精良，智勇须并用，士气要高昂，的确是宝贵的战斗经验总结，闪耀着辩证法思想的光辉。

"杀人亦有限，立国自有疆。苟能制侵陵，岂在多杀伤？"后四句为第二节，说明不必滥杀的原因。诗人直抒胸臆，发出振聋发聩的呼声。他认为，杀人也该有个限度，朝廷统治本来就有一定的区域范围。如果能制止敌人侵犯，何必要大肆杀伤人呢？诗人这种以战去战、以强兵制止侵犯的思想，是恢宏正论，安边良策，它符合国家的利益，反映了人民的愿望。

毛泽东熟知这首诗，在1972年2月借用诗中"擒贼先擒王"的战略，邀请美国总统尼克松访华，打开了封闭了23年的中美关系大门，双方在对方首都建立了联络处（1979年1月1日，升格为大使级外交关系），实现了中美两国外交关系正常化。这是毛泽东的外交战略的一个成功范例。

4.《兵车行》"写得太悲惨了"

毛泽东的机要秘书谢静宜回忆，毛泽东曾经对她说："杜甫也有写得好的和比较好的诗。但总的说杜甫的诗写得消沉、凄惨了些。如《兵车行》中，'牵衣顿足拦道哭，哭声直上干云霄，……君不见青海头，古来白骨无人收。新鬼烦冤旧鬼哭，天阴雨湿声啾啾。'……作者不分正义或非正义的，写得太悲惨了。"[①]

《兵车行》原文如下：

> 车辚辚，马萧萧，行人弓箭各在腰。
>
> 爷娘妻子走相送，尘埃不见咸阳桥。
>
> 牵衣顿足拦道哭，哭声直上干云霄。
>
> 道旁过者问行人，行人但云点行频。
>
> 或从十五北防河，便至四十西营田。
>
> 去时里正与裹头，归来头白还戍边。
>
> 边庭流血成海水，武皇开边意未已。

---

① 谢静宜：《毛主席读书生活的片段》，《人物》1998年第8、9期。

君不闻汉家山东二百州，千村万落生荆杞。

纵有健妇把锄犁，禾生陇亩无东西。

况复秦兵耐苦战，被驱不异犬与鸡。

长者虽有问，役夫敢申恨？

且如今年冬，未休关西卒。

县官急索租，租税从何出？

信知生男恶，反是生女好。

生女犹得嫁比邻，生男埋没随百草。

君不见青海头，古来白骨无人收。

新鬼烦冤旧鬼哭，天阴雨湿声啾啾。

这首诗是讽世伤时之作，也是杜诗中的名篇，为历代所推崇。

天宝以后，唐王朝对西北、西南少数民族的战争越来越频繁。这连年不断的大规模战争，不仅给边疆少数民族带来沉重灾难，也给广大中原地区人民带来同样的不幸。

据《资治通鉴》卷二百一十六载："天宝十载四月，剑南节度使鲜于仲通讨南诏蛮，大败于泸南。时仲通将兵八万，……军大败，士卒死者六万人，仲通仅以身免。杨国忠掩其败状，仍叙其战功。……制大募两京及河南北兵以击南诏。人闻云南多瘴疬，未战，士卒死者什八九，莫肯应募。杨国忠遣御史分道捕人，连枷送诣军所。……于是行者愁怨，父母妻子送之，所在哭声振野。"这段历史记载，可当作这首诗的说明来读。而这首诗则艺术地再现了这一社会现实。

"行"是乐府歌曲的一种体裁。杜甫的《兵车行》没有沿用古题，而是缘事而发，记事名篇，自创新题，运用乐府民歌的形式，深刻地反映了人民的苦难生活。

全诗可分三节，诗的开头七句为第一节，写军人家属送别儿子、丈夫出征的悲惨情景，描绘了一幅震人心弦的送别图。

"道旁过者问行人"至"被驱不异犬与鸡"十四句为第二节，通过设问，役人直诉从军后妇女代耕，农村萧条零落的境况。

"长者虽有问"至篇末十四句为第三节，写征夫久不得息，连年征兵，百姓唯恐生男和青海战场尸骨遍野、令人不寒而栗的情况。

正如毛泽东所说，这首诗没有区分战争的性质，是反战的。这从几个方面可以看得很清楚。

首先是出征的场面描述：兵车隆隆，战马嘶鸣，一队队被抓来的穷苦百姓，换上了戎装，佩上了弓箭，在官吏的押送下，正开往前线。征夫的爷娘妻子乱纷纷地在队伍中寻找、呼喊自己的亲人，扯着亲人的衣衫，捶胸顿足，边叮咛边呼号。车马扬起的灰尘，遮天蔽日，连咸阳西北横跨渭水的大桥都被遮没了。千万人的哭声汇成震天的巨响在云际回荡。"爷娘妻子走相送"，一个家庭支柱、主要劳动力被抓走了，剩下来的尽是些老弱妇幼，对一个家庭来说不啻是一个塌天大祸，怎么能不扶老携幼，奔走相送呢？"牵衣顿足拦道哭"，一句之中连续四个动作，又把送行者那种眷恋、悲怆、愤恨、绝望的动作神态，表现得细腻入微。诗人笔下，灰尘弥漫，车马人流，令人目眩；哭声遍野，直冲云天，震耳欲聋！这样的描写，给读者以听觉视觉上的强烈感受，集中展现了成千上万家庭妻离子散的悲剧，令人触目惊心！

其次，从战争带来的破坏来写：诗中的"武皇"，是以汉喻唐，实指唐玄宗。"汉家"，也是影射唐朝。诗人用"君不闻"三字领起，以谈话的口气提醒读者，把视线从流血成海的边庭转移到广阔的内地。华山以东的原田沃野千村万落，变得人烟萧条，田园荒废，荆棘横生，满目凋残。杜甫如此大胆地把矛头直接指向了最高统治者，这是从心底迸发出来的激烈抗议，充分表达了诗人怒不可遏的悲愤之情。

再次，从战死者的悲惨形象写：青海边的古战场上，平沙茫茫，白骨露野，阴风惨惨，鬼哭凄凄。冷寂阴森的情景，令人不寒而栗。这里，凄凉低沉的色调和开头那种人声鼎沸的气氛，悲惨哀怨的鬼泣和开头那种惊天动地的人哭，形成了强烈的对照。这些都是"开边未已"所导致的恶果。至此，诗人那饱满酣畅的激情得到了充分的发挥，唐王朝穷兵黩武的罪恶也揭露得淋漓尽致。

《兵车行》是杜诗名篇，为历代推崇。诗寓情于叙事之中，在叙述中张弛变化有序，前后呼应，严谨缜密。诗的字数杂言互见，韵脚平仄互换，声调抑扬顿挫，情意低昂起伏。既井井有条，又曲折多变，真可谓"新乐府"诗的典范。

5. "看来高级知识分子的住房困难问题，是古已有之"

1958年3月，中共中央成都会议期间。一天，毛泽东到杜甫草堂去参观。他兴致很高，在诗史堂前，他朗读杜甫《茅屋为秋风所破歌》，诵到"安得广厦千万间，大庇天下寒士俱欢颜，风雨不动安如山"时，风趣地说："看来高级知识分子的住房困难问题，是古已有之。"随行的人员一起笑了起来。

杨尚昆说："主席，现在社会安定，人民群众发动起来了，我们可以'大庇天下寒士'了！"①

杜甫的《茅屋为秋风所破歌》原文如下：

> 八月秋高风怒号，卷我屋上三重茅。
> 茅飞渡江洒江郊，高者挂罥长林梢，下者飘转沉塘坳。
> 南村群童欺我老无力，忍能对面为盗贼。
> 公然抱茅入竹去，唇焦口燥呼不得，归来倚杖自叹息。
> 俄顷风定云墨色，秋天漠漠向昏黑。
> 布衾多年冷似铁，娇儿恶卧踏里裂。
> 床头屋漏无干处，雨脚如麻未断绝。
> 自经丧乱少睡眠，长夜沾湿何由彻！
> 安得广厦千万间，大庇天下寒士俱欢颜，风雨不动安如山！
> 呜呼！何时眼前突兀见此屋，吾庐独破受冻死亦足！

乾元三年（760）的春天，杜甫求亲告友，在成都浣花溪边盖起了一座茅屋，总算有了一个栖身之所。但茅屋并不坚固，在一个秋天，一场大风

① 刘晓梅、吴遨：《毛泽东走出红墙》，中共中央党校出版社1997年版，第57页。

把茅草给卷走了，入夜又下起大雨。杜甫一家只好在风雨淋漓中度过了一个难堪的不眠之夜。诗人长夜难眠，感慨万千，写下了这篇脍炙人口的诗篇。诗写的是自己的数间茅屋，表现的却是忧国忧民的情感。

这首诗可分为四节。前五句为第一节，写茅屋为秋风所破情状。"怒号"写风势之大，"卷""三重"写受害之重。"三重"不是确数，是"多重"的意思。下面"飞""洒""挂罥""飘转""沉"等动词细致地写出了风吹茅草的情状，读者不难体味出诗人焦灼、苦痛的心情。

"南村群童欺我老无力"以下五句为第二节，写对"群童抱茅"的感叹。这是前一节的发展，也是对前一节的补充。前节写"洒江郊"的茅草无法收回。因为有的挂在树梢上，有的沉到水塘里，有的被"南村群童"抱跑了！"欺我老无力"五字宜着眼。如果诗人不是"老无力"，而是年当壮健有气力，自然不会受这样的欺侮。"忍能对面为盗贼"，意谓竟然忍心在我的眼前做盗贼！这不过是表现了诗人因"老无力"而受欺侮的愤懑心情而已，绝不是真的给"群童"加上"盗贼"的罪名，要告到官府里去办罪。"归来倚杖自叹息"总收一、二两节。诗人如此不幸的遭遇只有自己叹息，未引起别人的同情和帮助，则世风的浇薄，就意在言外了，因而他"叹息"的内容，也就十分深广！

"俄顷风定云墨色"以下八句为第三节，写屋破又遭连夜雨的苦况。诗人暗淡愁惨的心境又是屋破漏雨、布衾似铁的艰苦处境激发出来的。于是由个人的艰苦处境联想到其他人的类似处境，水到渠成，自然而然地过渡到全诗的结尾。

"安得广厦千万间"以下六句为第四节，直抒感慨，表达了诗人美好的愿望和高尚的情操。诗人在屋破漏雨的困苦情境中，由己及人、由近及远、由小及大，一想到饱经丧乱、颠沛流离的"天下寒士，在此风雨如磐的困苦中煎熬，他便泯灭了"小我"，为天下受苦受难的人们振臂高呼，发出了黄钟大吕般的强音。"安得广厦千万间，大庇天下寒士俱欢颜，风雨不动安如山"，前后用七字句，中间用九字句，句句蝉联而下，而表现阔大境界和愉快情感的词如"广厦""千万间""大庇""天下""欢颜""安如山"等等，又声音洪亮，从而构成了铿锵有力的节奏和奔腾前进的气势，恰切地表现了诗人从"床头屋漏无干处""长夜沾湿何由彻"的痛苦生活体验中迸发出来的奔放的激情和火热的希望。这种奔放的激情和火热的希望，咏歌之不足，故嗟叹之，"呜呼！何时眼前突兀见此屋，吾庐独破受冻死亦足！"诗人的博大胸襟和崇高理想，至此表现得淋漓尽致。

这首诗是作者高尚情怀的具体体现。他的茅屋几乎被狂风和顽童完全摧毁，又遇上了连绵不断的秋雨，屋漏床湿，被冷似铁，全家无法安眠，处境十分悲惨。但诗人从切身体验推己及人，以天下之忧为忧，渴望有广厦千万间为天下贫寒之士解除痛苦，甚至想以个人的牺牲来换取天下寒士的欢颜。诗歌情意真切，文字朴素，在艺术上也颇有特色。

作为开国领袖的毛泽东吟诵此诗时，想到了国家干部和知识分子的住房问题，但由于当时的条件限制，国家还无力解决，所以只得以此类问题是古已有之来解嘲。现在经济发展了，这个问题才得到了较好的解决。

6. "露从今夜白，月是故乡明"

1949年3月23日，毛泽东在由西柏坡向北平进发的途中，问韩桂馨："明日就到保定了，你和银桥都是安平县人，离保定近些，你们在保定有什么亲人么？"

韩桂馨说："听说我二姐和姐夫都随部队到了保定，还有我的几个同学也跟着孙毅将军打进了保定城。"

"不错么！"毛泽东高兴地说，"你们是革命的一家人呢！晓得他们住在哪里吗？进了保定城可以去看一看他们么！"

韩桂馨笑着说："我倒是想去呢！可一时又不知道谁住在什么地方。再说了，保定也是才刚解放几个月，咱们在保定也只能停一下，以后再想办法同他们联系吧！"

毛泽东很感慨地说："是么！我记得两首唐诗，很能表达你现在的这种心境。"他略沉思一下，以低沉的语气吟道："一首是杜甫的《月夜忆舍弟》：'戍鼓断人行，边秋一雁声。露从今夜白，月是故乡明。有弟皆分散，无家问死生。寄书长不达，况乃未休兵。'……还有一首是李益的

《喜见外弟又言别》：'十年离乱后，长大一相逢。问姓惊初见，称名忆旧容。别来沧海事，语罢暮天钟。明日巴陵道，秋山又几重。'诗里讲的是李益见到他的表弟后，第二天又要分别时的心情。"①

毛泽东所说的杜甫的《月夜忆舍弟》，是乾元二年（759）秋杜甫在秦州（今甘肃天水）所作。这年9月，史思明从范阳引兵南下，攻陷汴州，西进洛阳，齐、汝、郑、滑等州都处在战乱之中。杜甫的三个弟弟杜颖、杜观、杜丰都远在东方，音讯不通，引起他强烈的忧虑和思念。这首诗即是他当时思想的真实写照。

这是一首五言律诗。"戍鼓断人行，边秋一雁声"，首联叙事：路断行人，戍鼓雁声，耳闻目睹一片凄凉景象，渲染了浓重悲凉的氛围。这就是"月夜"的时代背景。

"露从今夜白，月是故乡明"，颔联写景，点醒题目。上句写自然时序，诗或作于白露节夜晚；下句写心理幻觉，月亮实无处不明，偏说"故乡明"，是为了突出对故乡的怀念。

"有弟皆分散，无家问死生"，颈联抒情：上句写兄弟离散，天各一方；下句说家已不存，生死未卜。写得伤心摧肠，十分沉痛。

"寄书长不达，况乃未休兵"，尾联叙事，进一步抒发内心的忧虑之情：亲人们四处流散，平时寄书尚且常常收不到，更何况战乱频仍，生死茫茫当更难预料。含蓄蕴藉，一往情深，不愧为怀乡思亲的佳作。

这两首诗都是写思念亲友的。由于动乱，一个思而未见，思乡怀亲之情有增无减，十分深厚。另一个是与亲人久别重逢又匆匆话别。韩桂馨和他的亲友，亦因战争年代，天各一方，多年不能相见，想见之情，出之必然。所以，毛泽东说这两首"很能表达"她"现在的这种心境"。

---

① 邸延生：《历史的真言——李银桥在毛泽东身边工作纪实》，新华出版社2000年版，第351—352页。

（三）"白居易，唐代大诗人"

　　1949年12月，毛泽东在首次访问苏联途中的列车上，应陪同的苏联汉学家费德林之请，谈论了中国古代的大诗人屈原、李白、杜甫、白居易、陆游等。谈论白居易，费德林记下的要点是："白居易（8—9世纪），唐代大诗人。他用通俗易懂的口语写出精彩的文艺作品。尽管他在宫廷身居高位（左拾遗，相当于司法部部长），但是仍然接近群众，并在作品中表达普通老百姓的情绪和愿望。"[①]

　　毛泽东对白居易评价这么高，这是为什么呢？

　　白居易（772—846），字乐天，号香山居士、醉吟先生。祖籍太原（今山西太原）人，曾祖父白温迁居下邽（今陕西渭南），遂为渭南人。唐德宗贞元进士。曾贬江州司马，后任杭州、苏州等地刺史至53岁定居洛阳（今河南洛阳），先后担任太子宾客、河南尹、太子少傅等职。在诗坛上，与元稹齐名，并称"元白"。时常与著名诗人刘禹锡唱和，时称"刘白"。晚年退居洛阳香山，过了18年隐居生活。死后葬龙门香山琵琶峰，其墓尚存。诗今存3600多首，有《白氏长庆集》传世。

　　白居易是一位伟大诗人。他的思想，综合儒、道、释三家。立身行事，则以儒家"穷则独善其身，达则兼善天下"自律。他的"兼济"之志，主要是靠实行儒家的仁政，但也包括黄老之说、管萧之术和申韩之法；他的"独善"之心，汲取了老庄的知足、齐物、逍遥观念和佛家的"解脱"思想。

　　白居易是中唐时期新乐府运动的倡导者之一。在江州时，他曾整理、编辑自己的诗作，分为讽喻、闲适、感伤、杂律四类。在这四类诗中，白居易比较重视讽喻诗和闲适诗。他认为，讽喻诗反映了"兼济之志"，闲适诗显示出"独善之意"，都是他人生目标的体现。感伤诗是"或退公独

---

　　① 周爱琦译：《费德林回忆录：我所接触的中苏领导人》，新华出版社1995年版，第29页。

四、「杜甫、白居易哭哭啼啼，我不愿看」

95

处，或移病闲居，知足保和，吟玩情性"的，而杂律诗则"或诱于一时一物，发于一笑一吟，率然成章，非平生所尚"（《与元九书》）。其中最有价值的是讽喻诗《秦中吟》10首和新乐府50首。这些诗主要是揭露封建统治者的横征暴敛，抨击豪门贵族的奢侈靡费和揭发宦官的贪污强暴，具有深刻的现实意义和历史意义。白居易明确地指出写这些诗的目的："惟歌生民病，愿得天子知"，"上可裨教化，舒之济万民"。

白居易的诗歌理论，具有进步意义。他把诗歌比作果树，提出了"根情、苗言、华声、实义"（《与元九书》）的著名观点，主张"文章合为时而著，歌诗合为事而作"，即文学作品应当反映时代，表现人民的疾苦。他领导的新乐府运动，继承了汉乐府"感于哀乐，缘事而发"的现实主义传统，并起着推陈出新、继往开来的作用。

白居易的诗歌，具有独特的艺术风格。他反对诗歌只写风花雪月、一味追求六朝以来的形式主义诗风。他能从复杂的现实生活中选取最典型的人和事，塑造出栩栩如生的艺术形象；作品主题集中、明确、有针对性，不空发议论；叙事和抒情能有机结合；善用比、兴手法，使形象更加鲜明生动。语言通俗易懂，明白如话，准确生动，音调优美，具有平易浅切、清新明快的艺术特色。相传他写的诗老年妇人都能懂。宋人释惠洪《冷斋夜话》卷一说："白乐天（居易）每作诗，令一老妪解之，问曰：'解否？'妪曰'解'，则录之，'不解'，则易之。"这种严肃认真的写作态度是值得肯定的。宋代大政治家、大文学家王安石称赞说："天下俚语被白乐天道尽。"这个评价是符合实际的。

毛泽东对白居易的诗歌相当熟悉。1958年1月16日，毛泽东在南宁会议上说："光搞现实主义的一面也不好，杜甫、白居易哭哭啼啼，我不愿看。"[①]毛泽东此说，还可能与当时的大背景有关，那时正处在轰轰烈烈的"大跃进"运动前夕。

事实上，毛泽东还是喜欢白居易的诗的。他在不同唐诗选本中，一共圈阅了白居易22首诗。它们是：《寄殷协律》《赋得古原草送别》《琵琶

---

① 陈晋主编：《毛泽东读书笔记解析》下册，广东人民出版社1996年版，第1260页。

行并序》《长恨歌》《上阳白发人》《问刘十九》《秦中吟十首》（议婚、重赋、伤宅、伤友、不致仕、立碑、轻肥、五弦、歌舞、买花）《放言五首并序》和《燕子楼》。

他还手书过《寄殷协律》《赋得古原草送别》（前四句）《琵琶行》《长恨歌》（从"汉皇重色思倾国"至"惊破霓裳羽衣曲"）等四首诗。

从毛泽东圈阅的情况来看，他对白居易的讽喻诗还是相当重视的，占他圈阅的白诗的比例很大，而且也很熟悉。这里有两个例子。一个是，1954年的一天，毛泽东为他的警卫战士检查作业。发现老师用红笔给封耀松的作业打了一个大大的5分，但他仔细看了以后，发现有错。"嘿"了一声说："你们那个老师也是一个马大哈呀！"

小封紧张了，把脸凑过去看。那是他默写的白居易的《卖炭翁》，毛泽东用手指甲在其中一行的下边划道："这句怎么念？"

"心忧炭贱愿天寒。"

"你写的是忧吗？哪里伸出来一只手？你写的是扰，扰乱的扰。怪不得炭贱卖不出价钱，有你扰乱么。"

小封脸红了，抓挠头皮窘笑。

"这句怎么念？"

"晓驾炭车辗冰辙。"

"这是辙吗？到处插手，炭还没有卖就大撤退，逃跑主义，这是撤退的撤。"

毛泽东抓起笔给小封改作业，"虚有5分，名不副实。"

于是，小封的5分变成了3分。[①]

另一个例子是，他曾两次用白居易的《放言五首》的第三首，说明现实问题，教育广大干部。1939年5月29日，他在延安的一次演讲里说："要奋斗到死，没有死就还没有达到永久奋斗的目标。从前有一首诗说：'周公恐惧流言日，王莽谦恭下士时，倘使当年身便死，一生真伪有谁知？'这在我们的历史学家那里叫作'盖棺论定'，就是说，人到死的时

① 李银桥：《在毛泽东身边十五年》，河北人民出版社1991年出版，第201页。

候，才能断定他是好是坏。假使周公在那个谣言流传的时候就死了，人家一定会加他一个'奸臣'的头衔；又若王莽在那个谦让卑恭的时候死了，那后世人一定会赞扬他的。不过我们现在不是讲历史，那两个人究竟孰好孰坏，我们不论，然而它说明了人只有到死，才可以论定他的功罪是非。我们说：永久奋斗，就是要奋斗到底。"[1]

毛泽东讲话中所引诗句，就是白居易《放言五首》之三，但他只是概括原诗大意，并非原诗。原诗是："赠君一法决狐疑，不用钻龟与祝蓍。试玉要烧三日满，辨材须待七年期。周公恐惧流言日，王莽谦恭未篡时。向使当初身便死，一生真伪复谁知？"这首诗说明了这样一条真理：识人论事需长久而全面地考察方能作出正确判断。在一本平装《白香山集》刊载的这首诗下面，毛泽东读时用红笔画满了着重线。

毛泽东喜欢这首诗，是因为它道出了一个识别人真伪的道理。1971年，林彪事件后，毛泽东在批判林彪阳奉阴违，最终原形毕露时，又引用了这首诗的后四句，然后说明：一个人错误的发展是有一定过程的，我们要认识一个人是真革命还是假革命也是有一定过程的。

在白居易的闲适诗中，毛泽东特别喜欢《琵琶行》《长恨歌》这两首长篇叙事诗。他对一本蘅塘退士原编《注释唐诗三百首》中的《琵琶行》作了详细批注：在标题上方连画三个大圈，对正文大部分作了断句，在"同是天涯沦落人，相逢何必曾相识"二句旁加了密圈，在正文天头上批注道："江州司马，青衫泪湿，同在天涯。作者与琵琶演奏者有平等心情。白诗高处在此，不在他处。其然岂其然乎？"[2]一次，她和子女谈话时又说："白居易的《琵琶行》不但文采好，描写得逼真细腻，难得的是作家对琵琶演奏者的态度是平等的，白诗的高明处在于此而不在他。"[3]

《琵琶行》是白居易的代表作之一。该诗借一个沦落天涯弹奏琵琶的京城名妓的不幸，抒发了诗人与之共鸣的思想感情。"同是天涯沦落人，

---

① 《毛泽东文集》第二卷，人民出版社 1993 年出版，第 191 页。

② 中央档案馆整理：《毛泽东评点诗词曲精选》上册，中国档案出版社 1998 年版，第 51—54 页。

③ 毛岸青、邵华：《回忆爸爸勤奋读书和练习书法》，《瞭望》1983 年第 12 期。

相逢何必曾相识"，表现了白居易对弹琵琶女子的深刻理解与同情。毛泽东认为"白诗高处"在于作者与琵琶弹奏者"有平等心情"，就是肯定了作者反映下层人民生活，关心人民疾苦的人民性，可谓一语点破了这首诗的精髓。诗人白居易是弹琵琶女子的知音，毛泽东更是白居易的知音。需要说明一下的是，毛泽东批语的前三句，是用金代诗人吴激《人月圆·南朝千古伤心事》一词末三句成句。

毛泽东对《长恨歌》也很欣赏。他在一本《注释唐诗三百首》中《长恨歌》标题上方画了一个大圈。在不同的唐诗选本中，此诗他至少圈画过五遍。他还手书过从"汉皇重色思倾国"至"惊破霓裳羽衣曲"等32句。

1958年8月，炮轰金门期间，他请民主人士章士钊写信给蒋介石，并把联蒋抗美的方针告知了台湾。章欣然从命。章写的信很有特色，信中有这样的话："溪口花草无恙，奉化庐墓依然。""台澎金马，唇齿相依，遥望南天，希诸珍重。"他特别欣赏，但认为把台湾看作"南天"，不恰当，后改为"南云"。他对章说了这样一段话："'在天愿作比翼鸟，在地愿为连理枝。'蒋介石把枝连到美国，美国却连根都会挖掉。"①

毛泽东拿这首诗中的"在天愿作比翼鸟，在地愿为连理枝"两句诗，比喻大陆和台湾的关系，意谓台湾作为中国领土不可分割的一部分，离不开大陆主体，而大陆主体失去台湾，便损害了中国领土和主权的完整，所以，二者相互依存，不可分割。而当时在台湾的蒋介石集团仰仗美国，反对中国大陆，注定是要失败的。

毛泽东对白居易的一些小诗、小词也很注意。延安时期，有一次毛泽东和战士们一起植树。他即景生情，朗诵起白居易的《忆江南》：

> 江南好，风景旧曾谙。日出江花红胜火，春来江水绿如蓝。能不忆江南。

接着他一句一句地讲给战士们听，还说："陕北荒山秃岭，如果我们

---

① 纪明：《毛泽东、周恩来为祖国统一与台湾当局的交往》，《人物》1996年第4期。

能把陕北变成江南一样绿树满山，那可是一件功在子孙的大好事啊！咱们住延安，一定要把这件事办好。"

1952 年 10 月 29 日，毛泽东视察江苏徐州，途中谈古论今，如数家珍，在指点来过徐州的大人物时，提到了白居易，说：大诗人白居易的父亲曾任彭城令，白居易 9 岁便来过徐州，以后又多次到过徐州。他曾写下著名的《燕子楼》诗，这首诗还引起了一些矛盾。

1957 年 3 月 19 日，毛泽东乘机飞往南京途中，在他的秘书林克正在读的一本书的扉页上，写下了元人萨都剌的《木兰花慢·徐州怀古》。他讲解其中"燕子楼空"一句时说："'燕子楼'为唐朝驻徐州节度使张愔所建。张愔接父职驻节徐州，结识彭城名姬关盼盼，收取为妾。她歌舞双绝，尤工诗文。张死后归葬洛阳，盼盼恋张旧情，独守空楼十余年。小楼多燕子，故名'燕子楼'。诗人白居易过徐州，因此故事写了一首七绝：'满窗明月满帘霜，被冷香残拂卧床。燕子楼中霜月夜，秋来只为一人长。'"①毛泽东生动地讲解了张愔和关盼盼的爱情故事，也连带讲解白居易的《燕子楼》诗。白诗共三首，毛泽东讲解的是第一首。这首诗通过对张愔死后，关盼盼独守空楼的描写，表现了她对爱情追求的真挚与执着。

此外，毛泽东在《注释唐诗三百首》中《问刘十九》一诗标题上方天头空白处连画三个小圈。《赋得古原草送别》一诗，他在四五本诗集中都作了圈画。

（四）白居易诗名篇欣赏

1. "同是天涯沦落人，相逢何必曾相识"

除了在一本《注释唐诗三百首》中给《琵琶行》这首诗作批注和圈画，1961 年 9 月，毛泽东在庐山还手书了《琵琶行》全诗。这幅墨迹，612 个

---

① 李林达：《情满西湖——毛泽东在浙江纪实》，中央文献出版社 1993 年版，第 239—240 页。

字，写在16开印有红丝栏的中国人民革命军事委员会的信笺上，共用了8张信笺，是毛泽东传世的书法作品中最长的一幅。在书写时，突破格局，顶天立地，笔势飞动，草而不乱，传达了毛泽东的诗人气质和书法家的感情，是毛泽东书法登峰造极的代表作之一。

《琵琶行》是唐代诗人白居易闲适诗的代表作。全文如下：

元和十年，予左迁九江郡司马。明年秋，送客溢浦口。闻舟中夜弹琵琶者，听其音，铮铮然有京都声。问其人，本长安倡女，尝学琵琶于穆、曹二善才，年长色衰，委身为贾人妇。遂命酒，使快弹数曲，曲罢悯默。自叙少小时欢乐事，今漂沦憔悴，转徙于江湖间。予出官二年，恬然自安；感斯人言，是夕始觉有迁谪意。因为长句，歌以赠之。凡六百一十二言，命曰《琵琶行》。

浔阳江头夜送客，枫叶荻花秋瑟瑟。
主人下马客在船，举酒欲饮无管弦。
醉不成欢惨将别，别时茫茫江浸月。
忽闻水上琵琶声，主人忘归客不发。
寻声暗问弹者谁？琵琶声停欲语迟。
移船相近邀相见，添酒回灯重开宴。
千呼万唤始出来，犹抱琵琶半遮面。

转轴拨弦三两声，未成曲调先有情。
弦弦掩抑声声思，似诉平生不得意。
低眉信手续续弹，说尽心中无限事。
轻拢慢捻抹复挑，初为霓裳后绿腰。
大弦嘈嘈如急雨，小弦切切如私语，
嘈嘈切切错杂弹，大珠小珠落玉盘。
间关莺语花底滑，幽咽流泉水下滩。
冰泉冷涩弦凝绝，凝绝不通声暂歇。

别有幽愁暗恨生，此时无声胜有声。

银瓶乍破水浆迸，铁骑突出刀枪鸣。

曲终收拨当心画，四弦一声如裂帛。

东舟西舫悄无言，唯见江心秋月白。

沉吟放拨插弦中，整顿衣裳起敛容。

自言本是京城女，家在虾蟆陵下住。

十三学得琵琶成，名属教坊第一部。

曲罢曾教善才伏，妆成每被秋娘妒。

五陵年少争缠头，一曲红绡不知数。

钿头银篦击节碎，血色罗裙翻酒污。

今年欢笑复明年，秋月春风等闲度。

弟走从军阿姨死，暮去朝来颜色故。

门前冷落鞍马稀，老大嫁作商人妇。

商人重利轻别离，前月浮梁买茶去。

去来江口守空船，绕船明月江水寒。

夜深忽梦少年事，梦啼妆泪红阑干。

我闻琵琶已叹息，又闻此语重唧唧。

同是天涯沦落人，相逢何必曾相识！

我从去年辞帝京，谪居卧病浔阳城。

浔阳地僻无音乐，终岁不闻丝竹声。

住近湓江地低湿，黄芦苦竹绕宅生。

其间旦暮闻何物，杜鹃啼血猿哀鸣。

春江花朝秋月夜，往往取酒还独倾。

岂无山歌与村笛，呕哑嘲哳（zhā）难为听。

今夜闻君琵琶语，如听仙乐耳暂明。

莫辞更坐弹一曲，为君翻作琵琶行。

感我此言良久立，却坐促弦弦转急。

凄凄不似向前声，满座重闻皆掩泣。

座中泣下谁最多？江州司马青衫湿。

这首诗作于元和十一年（816），即白居易被贬到江州的第二年。当时，统治阶级内部斗争激烈，藩镇和宦官勾结，企图夺取更大权力。元和十年（815），淄青节度使李师道密派刺客，在京城长安刺死了力主削藩的宰相武元衡，刺伤了御史中丞裴度。时任左赞善大夫的白居易，虽非谏官，上疏请求追捕刺客，严惩凶手，遭到权贵们的忌恨，以越职言事罪名，贬为江州司马。

本篇叙写浔阳舟中一位商人妇弹琵琶并叙述她的不幸遭遇，联系作者自己在政治上的升沉经历，揭露封建社会的一些黑暗，抒发了自己的愤慨。

全诗可分为四节。

从开头到"犹抱琵琶半遮面"为第一节，由送客写起，点明时间、地点、人物、环境，为以后的情节开展作了必要的铺垫和交代。

从"转轴拨弦三两声"到"唯见江心秋月白"为第二节，着力描绘琵琶女的精湛演技和强烈的艺术感染力量，以及琵琶女通过曲调所表达的"幽愁暗恨"。

从"沉吟放拨插弦中"到"梦啼妆泪红阑干"为第三节，叙述琵琶女昔盛今衰的身世，揭示"幽愁暗恨"的原因。

从"我闻琵琶已叹息"至篇末为第四节，联系作者自己的遭遇，倾诉悲怀。

诗人把自己被贬谪的不幸遭遇和琵琶女的不幸联系起来，与之共鸣的思想感情，深刻的同情与理解，使之写出"同是天涯沦落人，相逢何必曾相识"这样的传世佳句，激动人心的相互慰藉和无限哀怨感人至深。作为封建时期的官僚和诗人，白居易能够这样尊重和同情一个被污辱被损害的地位卑贱的歌女，应该是具有一定的民主精神的，是十分难能可贵的。毛泽东说白居易与弹琵琶女子"有平等的心情"，并称赞这是"白诗高处"，可谓一语点破了这首诗的精髓。诗人白居易是弹琵琶女子的知音，毛泽东是诗人白居易的知音！

需要说明的是，毛泽东批语中的"江州司马，青衫泪湿，同在天涯"是借用金人吴激《人月圆·南朝千古伤心事》词中成句，只有"在"字原作"是"。毛泽东借用前人成句批注他人作品,是他惯用的一种方法。

毛泽东在读清代吴景旭的《历代诗话》时,也很注意古人对《琵琶行》中一些字句和地名的疏解。如《琵琶行》中"枫叶荻花秋瑟瑟"一句,有人解释"瑟瑟"是形容秋天的萧瑟。《历代诗话》卷五十"瑟瑟"条中说:"杨升庵曰:枫叶红,荻花白,映秋色碧也。瑟瑟,珍宝名,其色碧,故以瑟瑟影指碧字。"作者列举对"瑟瑟"的各种注解:"《博雅》:瑟瑟,碧珠也。《杜阳杂编》:有瑟瑟幕,其色轻明虚薄,无与为比。《唐语林》:卢昂有瑟瑟枕,宪宗估其值曰:至宝无价。《水经注》:水木明瑟。"又举韦庄等人的诗加以论证。毛泽东对此,逐句加了圈点。又《琵琶行》中"自言本是京城女,家在虾蟆陵下住",《历代诗话》卷五十有"下马陵"一条。其中说,杨升庵考证,虾蟆陵在长安。作者采用《国史补》说法:董仲舒墓,门人过必下马,以故号下马陵,而语讹为虾蟆陵。"认为白公诗亦循俗之过。并举苏东坡的诗论证自己的观点。毛泽东对此,也是逐句加了圈点。

由此可见,毛泽东不是一般地阅读和了解《琵琶行》,而是下了一番研究功夫的。

2."在天愿作比翼鸟,在地愿为连理枝"

1975年春,孟锦云调到毛泽东身边做护理工作。当时毛泽东患了老年性白内障,视力模糊,读书、看报、看文件、批文件,比较困难,所以有时也让孟锦云为他读书。

一天,孟锦云先给他读了陈子昂的《登幽州台歌》和杜甫的《赠卫八处士》,毛泽东非常高兴,小孟自己也感到满意,她又问毛泽东:"您还想听读哪首诗呢?"

毛泽东稍稍深思了一会儿,没有马上回答。正当小孟准备把书放下,安排他休息时,毛泽东突然发话了:"孟夫子,读读白居易的《长恨歌》吧!"

毛泽东把《长恨歌》这句话说得特别重,语调里有一种惆怅,又似有几分恳求。

小孟可从来没有给他读过这首诗，但她有一次倒听到毛泽东吟咏过其中的诗句：

忽闻海上有仙山，山在虚无缥缈间。
楼阁玲珑五云起，其中绰约多仙子。

当时听毛泽东吟诵这些诗句时，小孟便跟他开玩笑地说："您会那么多诗，出口成章，老是文绉绉的，我可听不懂。您是大主席，又是个大诗人，真了不起啊。"

这首白居易的《长恨歌》，她倒是回忆起毛泽东自己吟诵过。小孟开始翻目录，但找来找去，也没找到，嘴里还不住地念叨："《长恨歌》，白居易呢？"毛泽东看小孟找得怪着急的，便打趣地说："孟夫子，还是让我来找，视而不见哟。"

小孟还是不服气，便说："您先别着急，我肯定能找到。"

"如何查目录？孟夫子，这是有规律的嘛，这首诗是七言古诗，你应该从这个项目里去找才是。"

小孟连"七言古诗"这项也找不到，她便不情愿地把书递给了毛泽东。毛泽东接过书，翻了，马上递给小孟："孟夫子，有眼不识泰山，这不是嘛！"

小孟接过书来，开始朗读起来，她读得很慢，总觉得不太顺当，好不容易才读到最后几句：

在天愿作比翼鸟，在地愿为连理枝。
天长地久有时尽，此恨绵绵无绝期。

小孟读完最后一句时，毛泽东已闭着眼睛，似乎是陷入了沉思。毛泽东从这首叙事诗中到底感受到了什么？是赞赏诗中哀艳动人的故事，悠扬婉转的诗句，还是对诗中所提出的告诫表示慨叹？小孟不解。

白居易的《长恨歌》，原文如下：

汉皇重色思倾国，御宇多年求不得。
杨家有女初长成，养在深闺人未识。
天生丽质难自弃，一朝选在君王侧。
回眸一笑百媚生，六宫粉黛无颜色。
春寒赐浴华清池，温泉水滑洗凝脂。
侍儿扶起娇无力，始是新承恩泽时。
云鬓花颜金步摇，芙蓉帐暖度春宵。
春宵苦短日高起，从此君王不早朝。
承欢侍宴无闲暇，春从春游夜专夜。
后宫佳丽三千人，三千宠爱在一身。
金屋妆成娇侍夜，玉楼宴罢醉和春。
姊妹弟兄皆列土，可怜光彩生门户。
遂令天下父母心，不重生男重生女。

骊宫高处入青云，仙乐风飘处处闻。
缓歌慢舞凝丝竹，尽日君王看不足。
渔阳鼙鼓动地来，惊破霓裳羽衣曲。
九重城阙烟尘生，千乘万骑西南行。
翠华摇摇行复止，西出都门百余里。
六军不发无奈何，宛转蛾眉马前死。
花钿委地无人收，翠翘金雀玉搔头。
君王掩面救不得，回看血泪相和流。
黄埃散漫风萧索，云栈萦纡登剑阁。
峨嵋山下少人行，旌旗无光日色薄。
蜀江水碧蜀山青，圣主朝朝暮暮情。
行宫见月伤心色，夜雨闻铃肠断声。
天旋日转回龙驭，到此踌躇不能去。
马嵬坡下泥土中，不见玉颜空死处。

君臣相顾尽沾衣，东望都门信马归。
归来池苑皆依旧，太液芙蓉未央柳。
芙蓉如面柳如眉，对此如何不泪垂。
春风桃李花开夜，秋雨梧桐叶落时。
西宫南苑多秋草，宫叶满阶红不扫。
梨园弟子白发新，椒房阿监青娥老。
夕殿萤飞思俏然，孤灯挑尽未成眠。
迟迟钟鼓初长夜，耿耿星河欲曙天。
鸳鸯瓦冷霜华重，翡翠衾寒谁与共。
悠悠生死别经年，魂魄不曾来入梦。

临邛道士鸿都客，能以精诚致魂魄。
为感君王辗转思，遂教方士殷勤觅。
排空驭气奔如电，升天入地求之遍。
上穷碧落下黄泉，两处茫茫皆不见。
忽闻海上有仙山，山在虚无缥缈间。
楼阁玲珑五云起，其中绰约多仙子。
中有一人字太真，雪肤花貌参差是。
金阙西厢叩玉扃，转教小玉报双成。
闻道汉家天子使，九华帐里梦魂惊。
揽衣推枕起徘徊，珠箔银屏迤逦开。
云鬓半偏新睡觉，花冠不整下堂来。
风吹仙袂飘飘举，犹似霓裳羽衣舞。
玉容寂寞泪阑干，梨花一枝春带雨。

含情凝睇谢君王，一别音容两渺茫。
昭阳殿里恩爱绝，蓬莱宫中日月长。
回头下望人寰处，不见长安见尘雾。
惟将旧物表深情，钿合金钗寄将去。

四、「杜甫、白居易哭哭啼啼，我不愿看」

钗留一股合一扇，钗擘黄金合分钿。

但教心似金钿坚，天上人间会相见。

临别殷勤重寄词，词中有誓两心知。

七月七日长生殿，夜半无人私语时。

在天愿作比翼鸟，在地愿为连理枝。

天长地久有时尽，此恨绵绵无绝期。

此诗作于元和元年（806），当时作者正在盩厔（zhōu zhì）县（今陕西周至）任县尉。诗成后，陈鸿为作《长恨歌传》。诗中写流传已久的唐明皇（李隆基）和杨贵妃（玉环）的爱情悲剧故事，一面是揭露和讽刺，在一定程度上反映了当时社会复杂而尖锐的阶级矛盾的某些方面；一面又因作者封建士大夫的立场，对帝妃的爱情悲剧表示了某种程度的同情。

全诗可分为五节：从开头至"不重生男重生女"为第一节，写杨贵妃得宠，兄弟姐妹高官厚禄，煊赫一时；从"骊宫高处入青云"至"不见玉颜空死处"为第二节，写安禄山起兵后，唐朝君臣逃奔西蜀，途中兵变，杨贵妃被缢死的过程；从"君臣相顾尽沾衣"至"魂魄不曾来入梦"为第三节，写唐玄宗返京后对杨贵妃的思念；从"临邛道士鸿都客"至"梨花一枝春带雨"为第四节，写道士到仙山寻找杨贵妃的情况；从"含情凝睇谢君王"至篇末为第五节，记述杨贵妃的话，点明"长恨"。

《长恨歌》是文学作品，不是人物传记，更不是封建帝王的起居注，它虽然以历史上唐明皇和杨贵妃的故事为题材，但已赋予这种爱情以普遍的形式和意义。因此诗人在这篇著名的长诗中，并没有按照历史的本来面目去刻画，而是按照自己感兴趣的美学原则，驰骋想象，把李杨爱情的悲剧，以生动的艺术形象绘形绘色地描绘了出来，哀婉动人，缠绵悱恻，千百年来感染了无数读者。特别是诗的最后四句："在天愿作比翼鸟，在地愿为连理枝。天长地久有时尽，此恨绵绵无绝期。""比翼鸟"，雌雄相比而飞的鸟。《尔雅·释地》："南方有比翼鸟焉，不比不飞，其名谓之鹣鹣。"古典诗词中常用来比喻为永不分离的恩爱夫妻。"连理枝"，两棵树不同根而枝干结合在一起，这也是古人用来象征美好爱情的。连下二句，诗人明确地表达了对这种爱情悲剧的无限眷恋和哀伤的情绪，也成了后世因种种原因不能相亲相爱的情人的誓言和怨语。这便是李杨爱情超越时空的普遍意义和永久魅力所在。

毛泽东这样的无产阶级革命领袖，也很喜欢这首诗。在听孟锦云读这首诗时，也深受感染。他更别出心裁地拿此诗中"在天愿作比翼鸟，在地愿为连理枝"，来比大陆和台湾的关系，是"谁也离不开谁"，意谓台湾作为中国不可分割的一部分，离不开大陆主体，而大陆主体丢弃台湾，就会损害中国领土和主权的完整，是不允许的。

3. "永久奋斗，就是要奋斗到死"

1939 年 5 月 30 日，毛泽东在延安庆贺模范青年大会上作的题为《永久奋斗》的演讲中说：

> 奋斗到什么程度呢？要奋斗到五年，十年，四十年，五十年，甚至六十年，七十年，总之一句话，要奋斗到死，没有死就还没有达到永久奋斗的目标。从前有一首诗说："周公恐惧流言日，王莽谦恭下士时，倘使当年身便死，一生真伪有谁知？"这在我们的历史学家那里叫作"盖棺论定"，就是说，人到死的时候，才能断定他是好是坏。假使周公在那个谣言流传的时候就死了，人家一定会加他一个"奸臣"的头衔；又若王莽在那个谦让卑恭的时候死了，那后世人一定会赞扬他的。不过我们现在不是讲历史，那两个人究竟孰好孰坏，我们不论，然而它说明了人只有到死，才可以论定他的功罪是非。我们说：永久奋斗，就是要奋斗到死。①

毛泽东的这次讲话对象，是纪念五四运动 20 周年时选出来的模范青年。所以他从继承五四革命传统讲起，指出中华民族解放先锋队、西北青

---

① 《毛泽东文集》第二卷，人民出版社 1993 年版，第 190—191 页。

年救国会中的许多优秀分子，是继承了五四传统，是好的；"但是，也有一些人，五四运动时在北平奋斗得很英勇，后来变了，内中的一个就是张国焘，还有康白情、罗家伦等一些人。"①

张国焘（1897—1979），江西萍乡人。1919年五四运动时，任北京大学学生干事会成员、北京学生联合会讲演部长、总干事。1921年参加中国共产党第一次全国代表大会。曾在中共中央、中华苏维埃共和国临时中央政府、中国工农红军中担任过重要领导职务。长征途中进行分裂党和红军的活动，另立中央。到达陕北后任陕甘宁边区政府副主席、代主席。1938年4月，他趁祭黄帝陵之机逃离陕甘宁边区，经西安到武汉，投入国民党特务集团，成为中国革命的叛徒，随即被开除党籍。

毛泽东在演讲中举了正反两个方面的例子，说明人应该"永久奋斗"的道理。而张国焘等反面人物的一个共同特点，"就是奋斗性比较差，没有'永久奋斗'的精神"。接着，毛泽东便引了古人四句诗，进一步阐明要永久奋斗的道理。

这四句诗，出自唐代诗人白居易《放言五首并序》之三。全诗如下：

> 赠君一法决狐疑，不用钻龟与祝蓍（shī）。
>
> 试玉要烧三日满，辨材须待七年期。
>
> 周公恐惧流言日，王莽谦恭未篡时。
>
> 向使当初身便死，一生真伪复谁知？

《放言五首并序》，元和十年（815）诗人在被贬谪去江州的途中和元稹之作。诗前小序云："元九在江陵时，有放言长句（七言）诗五首，韵高而体律，意古而词新。予每咏之，甚觉有味；虽前辈深于诗者，未有此作，唯李颀有云：'济水自清河自浊，周公大圣接舆狂。'斯句近之矣。予出佐浔阳，未届所任，舟中多暇，江上独吟，因缀五篇，以续其意耳。"说明了白氏写作《放言五首》的起因。

---

① 《毛泽东文集》第二卷，人民出版社1993年版，第190—191、190页。

这是一首七言律诗。

"赠君一法决狐疑，不用钻龟与祝蓍"，首联说要告诉人们一个解决狐疑的方法。这个方法很特别，不用钻龟壳后看它的裂纹以卜吉凶，也不用拿着蓍草的茎来占卜吉凶。

"试玉要烧三日满，辨材须待七年期"，颔联正面介绍解决狐疑的方法：让时间来考验。试玉的真假需烧满三天，辨别木材的好坏需要等待七年的时间。"试玉"，作者原注："真玉烧三日不热。"《淮南子·俶真训》："钟山之玉，炊以炉炭，三日三夜而色泽不变。""辨材"，作者自注："豫章木，生七年而后知。"豫章，枕木和樟木。《史记·司马相如列传》："其北则有阴林巨树梗楠豫章。"张守节《正义》云："按：《活人云》：'豫，今之枕木也；章，今之樟木也。二木生至七年，枕樟乃可分别。'"一说豫章即樟木，见《后汉书·王符传》李贤注。

"周公恐惧流言日，王莽谦恭未篡时"，颈联再举历史人物证实，举了周公与王莽正反两个例子。周公，名旦，周武王之弟，成王之叔。武王死，成王年幼，周公摄政，管、蔡、霍三叔，阴谋陷害，说周公要篡位，成王命周公东征，奠定东都。王莽，字臣君，前汉末孝元皇后之侄，封新都侯，为司马，秉政。哀帝死，莽立平帝，以己女为皇后，独揽朝政，号安汉公。《汉书·王莽传》："（莽）爵位益尊，节操愈谦。散舆马衣裘，振施宾客，家无所余。收赡名士，交结将相卿大夫甚众。……欲令名誉过前人，遂克己不倦。"旋弑平帝，立孺子婴，摄政；不久篡位自立，改国号"新"。以上两句，用周公、王莽两人的事例，一正一反，说明时间是对人的重要考验，不能只凭一时一地的现象就下结论。否则就会把周公当作篡位者，把王莽当作谦谦君子了。

"向使当初身便死，一生真伪复谁知"，尾联点出关键性的问题：如果过早地下结论，不待时间来考验，就会被一时的表面现象所蒙蔽，不辨真伪，不分是非。

这首诗道出了识别一个人真伪的哲理，所以，毛泽东不止一次谈到它。1972年，在批判林彪阳奉阴违、最终自我暴露的反革命罪行时，他又引了这首诗的后四句，用以说明：一个人错误的发展是有一个过程的，认识一个人是真革命还是假革命也是有一定过程的。

毛泽东中南海故居里还有一本平装的《白香山集》，其中《放言五首并序》的第三首（即本诗），毛泽东对全诗都用红笔画满了着重线。①

① 张贻玖：《毛泽东评点、圈阅的中国古典诗词》，中国工人出版社 1992 年版，第 117 页。

五、王维、孟浩然、柳宗元、韦应物
等山水田园派诗人

（一）山水田园诗派

盛唐的王维、孟浩然和中唐的柳宗元、韦应物，是唐代继承陶渊明的田园诗和谢灵运的山水诗各流派的代表，形成了唐代的山水田园诗派。这四个人的遭遇和诗风并不完全相同，但在山水田园诗的创作上，都有较高的独特成就，并且在艺术风格上都有某些相同或相近之处。王维是朝廷清贵，晚年山居清闲，诗的题材较广，有清华、典雅、壮健、平淡等多种风格；孟浩然是济世之心不遂，终于隐退，比较集中地写山水田园诗；柳宗元参加政治革新集团失败，长期被贬谪而死，其诗主要抒发愤激不平之气，也有一部分山水诗；韦应物是地方官吏，比较关心民生，既有涉及社会方面的诗，也有写闲适境界的山水田园诗。

毛泽东对这一诗派也很关注。他读清人沈德潜编选的一本《古诗源》时，圈阅了陶渊明的《桃花源诗并记》《归田园居五首》等25首诗；在一本《古诗源》中，收有谢灵运诗24首，他圈阅了22首。由此可见，毛泽东对山水田园诗也是很爱好的。他对唐代的山水田园诗也是如此。

王维（701—761），字摩诘，原籍太原祁（今山西祁县）人，后移居蒲州（今山西永济）。唐代诗人。唐玄宗开元九年（721）进士。曾任太乐丞、右拾遗、监察御史等职，后官至尚书右丞，故世称王右丞。他前期的诗以边塞、游侠为题材，多抒写将士为保卫边疆而献身的英雄气概；后期，多描写隐居幽栖生活，表现闲适静谧情趣，宣扬佛教禅理的山水田园诗。有《王右丞集》。

在一本《注释唐诗三百首》中，毛泽东在王维的五言律诗《辋川闲居赠裴秀才迪》题目上方画了一个大圈；在王维的七言律诗《和贾至舍人早朝大明宫之作》题目上方天头空白处画了一个大圈，正文开头处连画三个小圈；在《奉和圣制从蓬莱向兴庆阁道中留春雨中春望之作应制》上方画法与此相反；在五言绝句《鹿柴》《相思》（红豆生南国）和《杂诗（君自故乡来）三首诗题目上方天头空白处画了一个大圈；在乐府诗《渭城曲》题目上方画了一个大圈。在别的唐诗选本中，还圈阅了《九月九日忆山东兄弟》《老将行》《渭川田家》《汉江临眺》等诗。他还手书过《奉和圣制从蓬莱向兴庆阁道中留春雨中春望之作应制》和《出塞作》两首诗。

毛泽东对王维的诗非常熟悉。有这样一件事很能说明问题。1975 年春调到毛泽东身边做护理工作的孟锦云，有时候也为毛泽东读诗。一天，毛泽东叫小孟给他读唐诗。小孟大声朗读：

独在异乡为异客，每逢佳节倍思亲。

遥知兄弟登高处，遍插茱萸少一人。

小孟读完，毛泽东发现小孟不认识茱萸的"萸"字，就让她去查字典，小孟才知道应该读"yú"。毛泽东点点头，慢慢地说："这茱萸是落叶小乔木，还是一种药材呢！有香味，插上茱萸可以避邪。小时候在我的故乡，我就看见过插茱萸的。"[1]

小孟给毛泽东读的这首诗题作《九月九日忆山东兄弟》。原注："时年十七。"是诗人少年时所作。"九月九日"，即重阳节，又称重九。"山东"，指华山以东的诗人故乡蒲地。毛泽东从这首诗中看到它包含的民俗内容，并现身说法教育小孟。这种民俗流传至今，属于中华民族的传统文化，应发扬光大。

孟浩然（689—740），襄州襄阳（今湖北襄阳）人，早年隐居襄阳鹿门山，"以诗自适"。后漫游吴越，40 岁时到长安应进士不第，失意而归。张

---

① 郭金荣：《毛泽东读书成癖》，《时代青年》1995 年第 5 期。

九龄镇荆州，署为从事，以诗唱和，不久病疽而死。他生活在开元盛世，渴望求得一官半职，但始终不能如愿，因而有"不才明主弃，多病故人疏"（《岁暮归南山》）的慨叹。他的诗多抒发求官不遂、怀才见弃的苦闷，以及描写山水田园的幽静景物，因而形成清新冲淡的风格。有《孟浩然集》。

毛泽东对孟浩然的诗也比较喜爱。在一本《注释唐诗三百首》中，他在孟的五言古诗《秋登兰山寄张五》题目上方画了一个小圈；在五言律诗《宿桐庐江寄广陵旧游》题目上方画了一个大圈；在《早寒有怀》题头上方连画三个小圈，批注道："略好。"在五言绝句《宿建德江》题目上方天头空白处连画了三个小圈；《春晓》题目上方天头空白处连画三个小圈，在正文开头处画了一个大圈。在其他唐诗选本中，毛泽东还圈阅过孟的五言律诗《岁暮终南山》《留别王维》和《宿业师山房期丁大不至》等三首诗。毛泽东手书过孟浩然的"微云淡河汉"残句。毛泽东写了一句，后边还有一句："疏雨滴梧桐。"王士源云："（浩然）间游秘省，秋月新霁，诸英华赋诗作会，浩然句曰：'微云淡河汉，疏雨滴梧桐。'举座嗟其清绝，咸阁笔不复为辍。"①

我们看看被毛泽东称为"略好"的《早寒有怀》：

木落雁难度，北风江上寒。
我家襄水曲，遥隔楚云端。
乡泪客中尽，孤帆天际看。
迷津欲有问，平海夕漫漫。

为什么说这首诗比较好呢？诗题一作《江上思归》，又作《早寒江上有怀》，是诗人长安落第后，东游吴越滞留江上，因早寒思归而作。诗的首联起调高雅，意境开阔，"木落雁难渡"，既比且兴，隐喻着诗人在这"北风江上寒"的时候，羁旅他乡，已写出思归的无限寂寞与惆怅。颔联二句以清新明丽的语言，深情地表达了对故乡的怀念：千里迢迢，远隔云

---

① 中央档案馆编：《毛泽东手书选集·古诗词》上册，北京出版社1996年版，第96页。

端，可望而不可即，更增惆怅。颈联用"乡泪客中尽"承接颔联思归，而"孤帆天际看"则承首联的江上寂寞：思乡之泪，已在客中流尽，伤心惨恻；片影孤帆，漂泊天际，孤独凄凉。尾联以景结情，用"平海夕漫漫"的景语，表达诗人的苦闷和彷徨，融洽浑成，饶有韵致。所以是一首比较好的诗。

柳宗元（773—819），字子厚，河东解（今山西运城解州镇）人，世称柳河东。因官终柳州刺史，又称柳柳州。唐文学家、哲学家。唐德宗贞元进士，授校书郎，调蓝田尉，升监察御史里行。与刘禹锡等参加主张革新的王叔文集团，任礼部员外郎。失败后，贬永州司马，后迁柳州刺史。有《柳河东集》。

柳宗元与韩愈同为古文运动的倡导者，世称"韩柳"，"唐宋八大家"之一，主张"文以载道"，散文成就最高，山水游记在中国文学史上具有特殊地位。

柳宗元的诗歌数量较少，仅存140余首，都是贬谪以后所作。前人评论柳诗，大多认为其继承了陶渊明的传统，将柳宗元与王维、孟浩然、韦应物并称"王、孟、韦、柳"。其五古、七古，反映社会现实生活，风格慷慨悲健；律诗如《登柳州城楼寄漳汀封连四州刺史》《得卢衡州书因以诗寄》《岭南江行》《别舍弟宗一》等篇，通过对南方奇异风物和习俗的描绘，抒写贬谪生活中的哀怨之情，在唐诗中独具境界；绝句如《江雪》《与浩初上人同看山寄京华亲故》《酬曹侍御过象县见寄》诸诗，写景抒情，或幽峭奇辟，或韵致悠扬，在唐人绝句中不可多得。可见柳诗丰富多彩，不拘一格。

毛泽东对柳宗元很赏识。据他的秘书林克回忆说，毛泽东不止一次地同他谈过"二王八司马"的故事。他谈到中唐时期，唐王朝由盛而衰，朝中宦官擅权，四方藩镇割据，社会危机四伏，中央集权受到极大削弱。公元805年，唐德宗李适去世，太子李诵（唐顺宗）即位，重用太子侍读王叔文、王伾，吏部郎中韦执谊和文学家柳宗元、刘禹锡等。他们一度执政，韦执谊被任命为宰相。他们反对宦官专政和藩镇割据，主张加强中央集权，为此进行了惩处贪官污吏，免除苛捐杂税，废止掠夺、扰民的宫市，谋划剥夺宦官的兵权，削弱藩镇势力，加强中央集权等一系列政治改革措施，史称"永贞革新"。但是由于朝中宦官、藩镇等守旧势力合谋发动政变，迫使久病的顺宗把皇位让给太子李纯（唐宪宗）。王叔文等革新派仅仅执政五个月便夭折了。王叔文、王伾被杀，韦执谊被贬为崖州司马，韩泰为虔州司马，陈谏为台州司马，柳宗元为永州司马，刘禹锡为朗州司马，韩晔为饶州司马，凌准为连州司马，程异为郴州司马，当时称为"八司马"。

毛泽东称赞永贞革新，推崇柳宗元、刘禹锡的政治见解，对他们的文学创作和哲学思想也表示欣赏。

1964 年 2 月，毛泽东在春节教育座谈会上，曾戏谑柳宗元是"二等进士"，但却盛赞他的文章。

1964 年 3 月，毛泽东的专列在邯郸停留时，听取山西省委书记陶鲁笳汇报大寨的情况后说：穷山沟里出文章。唐朝时你们山西有个大学问家柳宗元，他在我们湖南零陵县做过官，那里也是穷山区，他在那里写过许多好文章。

据逄先知介绍：在唐宋八大家中，毛泽东最喜欢柳宗元的散文。认为柳文同他的诗一样，清新，精细，寓意含蓄，富有哲理。柳宗元是一个革新派，具有进步的政治主张，又有朴素的唯物主义思想，这些进步思想反映在他的作品里，更增添了柳文的光彩。

毛泽东对柳诗也很看好。

在《注释唐诗三百首》中，他在七律《登柳州城楼寄漳汀封连四州刺史》题目上方天头空白处连画三个小圈，在正文开头处又画了一个大圈，在其他唐诗选本中还多次圈画过；在五绝《江雪》题目上方天头空白处画了一个大圈。

在其他的唐诗选本中，毛泽东还圈阅过《初秋夜坐赠吴武陵》《天对》二诗。

1964 年 8 月 18 日，毛泽东在北戴河同哲学工作者谈话时说："柳子厚不同，出入佛老，唯物主义。但是，他的《天说》，太短，就那么一点。他的《天对》，从屈原《天问》产生以来，几千年只有这一个人做了这么一篇。到现在《天问》究竟讲了些什么，没有解释清楚。"

1965 年 6 月 20 日，毛泽东在上海和刘大杰谈话时谈到柳宗元，又提出柳宗元的思想比韩愈的高，不过文章难读一些。屈原写过《天问》，过了一千年才有柳宗元写《天对》，胆子很大。当刘大杰问及柳宗元是否是唯物主义者时，毛泽东认为柳有朴素唯物主义思想成分。

毛泽东还手书过七律《别舍弟宗一》一诗。

在这些诗中，有的从诗题上看是赠别诗，但内容上是将山水风光的描写与抒情紧密结合在一起，实际上也是山水诗。

韦应物（737—789），京兆长安（今陕西西安）人，唐代诗人。唐玄宗时曾任宫廷中三卫郎，后官滁州、江州、苏州等地刺史。故世称"韦苏州"。有《韦苏州集》。

韦早年戍卫宫廷，任侠使气，生活颇为放浪。安史乱后，"折节读书"，变为娴静清雅的诗人、对民生疾苦表示一定关心的地方官。他的诗写景细腻，赋物工致，风格恬淡，主要抒写闲适的胸襟，描摹自然界的风景。深受陶渊明、谢灵运和王维的影响。和顾况、孟郊、皎然等都有唱酬往来。

毛泽东对韦应物的诗作和人品评价都很高。

在一本《注释唐诗三百首》中，他在韦应物的五言古诗《郡斋中雨与诸文士燕集》一诗题目上方天头空白处连画三个小圈，传世名句"兵卫森画戟，宴寝凝清香"没有圈画；而"神欢体自轻，意欲凌风翔"和"方知大藩地，岂曰才赋强"等四句画了旁圈；韦的五言律诗《淮上喜会梁州故人》："江汉曾为客，相逢每醉还。浮云一别后，流水十年间。欢笑情如旧，萧疏发已斑。何因不归去，淮上对秋山。"毛泽东读后，在题目上方天头空白处连画三个小圈，然后批注道："好。"在《赋得暮雨送李曹》一诗题目上方天头空白处连画三个小圈；在韦的五言绝句《滁州西涧》题目上方天头空白处连画三个小圈。

韦的七言律诗《寄李儋元锡》，毛泽东读后在题目上方天头空白处连画三个小圈，又在正文开头处画了一个大圈。

（二）山水田园派诗人名作欣赏

1."'邑有流亡愧俸钱'，写出古代清官的情怀"

1959 年夏天，在庐山。

这一天是 7 月 4 日，毛主席对王任重、刘建勋和梅白说："我今天有一点点空闲，请你们三位与我共进晚餐如何？"三人当然都很高兴。于是梅白随王、刘到毛泽东在庐山的住处吃饭。席间，毛泽东兴致很高，除说了国内国际的一些事以外，还谈到了《红楼梦》。最后，他们说到干部问题时，梅白就避开了。

后来，王任重、刘建勋去开会。梅白一个人在外间削苹果。毛泽东笑着说："你看我。"原来他吃苹果不削皮，并说：维生素都在皮里，只要洗干净也是很卫生的。

毛泽东谈吐很随便。这时，他又谈起诗来，……唐人诗曰："邑有流亡愧俸钱"，这寥寥七个字，写出古代清官的情怀，也写出了古代知识分子的高尚情操。写诗就要写出自己的胸怀和情操，这样才能引起读者的共鸣，才能使人感奋。……"

毛泽东越说越高兴。梅白怕影响他的工作和休息，起身告辞，踏月而归，彻夜无眠。[①]

毛泽东在谈话中引用的"邑有流亡愧俸钱"，见于唐代诗人韦应物的《寄李儋元锡》一诗。

在一本《注释唐诗三百首》中，载有韦应物的《寄李儋元锡》，毛泽东读后，在这首诗题目上方天头空白处连画三个小圈，又在正文开头处画了一个大圈。[②]

《寄李儋元锡》原文如下：

[①] 梅白：《毛主席谈杨椒山的诗》，《我眼中的毛泽东》下册，河北人民出版社1990 年版，第 139—140 页。

[②] 张贻玖：《毛泽东评点、圈阅的中国古典诗词》，中国工人出版社1992 年版，第 108 页。

去年花里逢君别，今日花开又一年。
世事茫茫难自料，春愁黯黯独成眠。
身多疾病思田里，邑有流亡愧俸钱。
闻道欲来相问讯，西楼望月几回圆。

李儋，武威（今甘肃武威）人，曾官殿中侍御史。给事中李升期之子。元锡，字君眖（kuàng），曾任淄王傅。梁肃《送元锡赴举序》称其诗有楚风，但李、元诗皆已佚。一说，李儋，字元锡。

这是一首七言律诗。当作于唐德宗建中五年（784）作者在滁州做刺史时。建中四年入夏时节，韦应物从尚书比部员外郎调任滁州刺史，离开长安，秋天到达滁州。他在长安和诗交好友李儋、元锡分别后，二人曾托人问候。次年春天，韦应物写这首诗寄赠二友以答。诗中叙述了别后的思念和盼望，抒发了因国乱民穷造成的内心矛盾和苦闷。

诗是寄赠好友的，所以从叙别开头，"去年花里逢君别，今日花开又一年"，首联说去年花里在长安分别，今又花开又一年过去了。上句写欣然回忆，下句写境况萧索。

"世事茫茫难自料，春愁黯黯独成眠"，颔联写自己的烦恼苦闷。"世事茫茫'，指国家的前途，也包含个人的前途，二者都无法预料。"春愁黯黯"，春天来了，自己只有忧愁苦闷，情绪低沉暗淡。

"身多疾病思田里，邑有流亡愧俸钱"，颈联具体写自己的思想矛盾。自身多病使他想辞官归隐，但看到他治下有出外逃亡的人，因未尽到做地方官的责任白拿国家的俸禄而感到心中有愧。邑，指滁州。

"闻道欲来相问讯，西楼望月几回圆"，尾联是说听到你们要来看我，我就在盼望，月亮都圆了好几次了。诗以感激李儋、元锡的问候和亟盼他们来访作结。

毛泽东认为此诗中"邑有流亡愧俸钱"寥寥七个字，写出了古代清官的情怀，也写出了古代知识分子的高尚情操。这是非常确切的评论，很好地引申和阐发。所谓清官，就是公正廉洁的官吏。地方官守土有责，忠于职守，廉洁奉公，不徇私舞弊、贪污受贿，为老百姓办事，使老百姓安居乐业，这不仅是古代清官的情怀和古代知识分子的高尚情操，更是对当今官员的起码要求。

2. "孤舟蓑笠翁，独钓寒江雪"

柳宗元最著名的山水诗是《江雪》，毛泽东也曾在诗题上方空白处画了三个小圈。① 其原文是：

> 千山鸟飞绝，万径人踪灭。
> 孤舟蓑笠翁，独钓寒江雪。

这是诗人永贞革新失败后贬往永州后所写。诗人只用了二十个字，就把我们带到一个幽静寒冷的境地。呈现在读者眼前的，是这样一幅图画：在下着大雪的江面上，一叶小舟，一个老渔翁，独自在寒冷的江心垂钓。诗人向读者展示的，是这样一些内容：天地之间是如此纯洁而寂静，一尘不染，万籁无声；渔翁的生活是如此清高，渔翁的性格是如此孤傲。其实，这正是柳宗元由于憎恨当时那个一天天在走下坡路的唐代社会而创造出来的一个幻想境界，曲折地反映了诗人在政治革新失败后不屈而又孤独的精神世界。后世许多山水画都取此二句所写景物为题材。

---

① 《毛泽东评点诗词曲精选》上册，中国档案出版社1998年版，第123页。

六、高适、岑参、王昌龄、李颀等边塞诗人

（一）边塞诗派

在唐诗的百花园中，边塞诗是一个重要流派。边塞（sài），就是边疆地区的要塞。所谓边塞诗，是指以描写边塞风光，表现边塞征戍，反映边塞将士生活为主要内容的诗。魏晋时期，边塞诗即已大量出现，但其高潮是在唐代，盛唐的高适、岑参为边塞诗人的代表。高适、岑参并称"高岑"，始于他们的好友杜甫《寄彭州高三十五使君适、虢州岑二十七长史参三十韵》："高岑殊缓步，沈鲍得同行。"说他两人成名较晚，而才学堪比沈约、鲍照。

高适、岑参的诗以"悲壮为宗"（〔明〕胡应麟《诗薮》）。二人都积极进取，但长期功名失意。一再出塞谋求报国立功，对仕途坎坷和边塞生活有深刻体验。其诗作主要以边塞战争、塞上风光和仕途艰难为题材，善用七言古体等体裁，表现保卫边疆、保国安民的壮志和奋发进取的精神，时而也抒发怀才不遇、功业无成的悲愤。其诗意气豪迈，情辞慷慨，奇偶相生，手法多样。这是他们的共同特点。

由于个人生活、个性、文学思想和渊源的差别，两人的诗作又有重要区别。"高悲壮而厚，岑奇异而峭。"（〔清〕王士禛《师友诗传续录》）高适善于反映战士和农民的疾苦，暴露现实，笔调严谨，直抒胸臆，以常语感人；岑参擅长讴歌胜利，描绘奇境，抒发豪情，以奇语动人。

高适、岑参边塞诗成就最高，所以唐代的边塞诗派也被称为"高岑诗派"。诗风与之相近的王之涣、王翰、王昌龄、崔颢、李颀等人也被列入此派。

毛泽东对边塞诗派评价甚高。高适（706—765），字达夫，沧州渤海（今河北景县）人，初唐诗人。少贫寒，潦倒失意。后客游河西，为哥舒翰书记。历任淮南、西川节度使，终散骑常侍。曾两次随军出塞，熟悉边塞生活。所作边塞诗，对当时边地形势和士兵疾苦均有反映，言辞愤激，情调悲凉，气势雄健高昂。有《高常侍集》。

对于高适的诗，毛泽东在读《注释唐诗三百首》中《送李少府贬峡中王少府贬长沙》时，在标题上方天头空白处连画三个小圈，正文开头处天头上方空白处画了一个大圈，在乐府诗《燕歌行》题头上方画了一个大圈，表示比较欣赏。

岑参（约715—770），南阳（今河南南阳）人，初唐诗人。唐玄宗天宝进士，曾随高仙芝到安息、武威，后又往来于北庭、轮台间。官至嘉州刺史，卒于成都。长于七言歌行。从军多年，熟悉边塞生活。所作诗歌善于描写边塞风光和战斗景象；气势豪迈，情辞慷慨，语言变化自如。有《岑嘉州集》。《全唐诗》录存其诗4卷360首。

毛泽东对于岑参的诗，圈阅较多，评价较高。他在《注释唐诗三百首》中所载岑参三首七言古诗《走马川行奉送封大夫出师西征》《轮台歌奉送封大夫出师西征》《白雪歌送武判官归京》题头上方画了一个大圈，在正文开头天头空白处连画三个小圈；在五言古诗《与高适薛据登慈恩寺浮图》题头上方天头空白处连画三个小圈；在七言绝句《逢入京使》正文上方天头空白处画了一个☆。[1]

此外，他还手书过岑参《奉和杜相公发益昌》诗中"朝登剑阁云随马，夜渡巴江雨洗兵"二句，并多次圈点此诗。

1958年3月，成都会议期间，还将此诗编入《诗词若干首》（唐宋明朝诗人写的有关四川的一些诗和词）一书，印发给与会人员。

1929年9月19日，毛泽东和傅柏翠（红四军第四纵队司令员兼党代表）在刚刚解放的上杭临江楼上。毛泽东问："老傅，我们的先辈写过不

---

① 中央档案馆整理：《毛泽东评点诗词曲精选》上册，中国档案出版社1998年版，第102、56、30—32、13、131页。

少咏菊的诗，你最喜欢哪一位的呀？"傅柏翠说："陶渊明的'秋菊有佳色，裛露掇其英'，以及'采菊东篱下，悠然见南山'，将菊花孤高、娴静、淡远的精神写了出来。"毛泽东淡淡地说："陶渊明笔下的菊花诗，艺术成就是蛮高的，但作为工人农民不可能享受这种虚幻的精神生活。"傅说："我也喜欢岑参的'强欲登高去，无人送酒来。遥怜故园菊，应傍战场开'。简单明了，也不用典。他反对战乱，渴望天下太平、人民安居乐业，诗有尽，思无穷。"毛泽东说："岑参的这首诗，写得蛮好，展现了一幅威武雄壮的战争画卷：血流遍野、刀刃相交的两军鏖战的城乡，丛丛菊花依然在路边开放，情韵无限，却又感到有些低沉惆怅。"①

毛泽东赞赏的岑参的这首诗，题为《行军九日思长安故园》。这是一首五言绝句。这首诗原注说："时未收长安。"唐天宝十四载（755）安禄山起兵叛乱，次年长安被攻破。至德二载（757）二月，肃宗由彭原行军至凤翔，岑参随行。九月唐军收复长安，诗可能是该年重阳节在凤翔写的。诗中表现了诗人对国事的忧虑和对战乱中人民疾苦的关切。平直朴素，构思精巧，情韵无限，是一首言简意赅、耐人寻味的抒情佳作。所以受到毛泽东的好评。而且，毛泽东1929年写的《采桑子·重阳》中的"战地黄花分外香"诗句，也好似此诗意境的升华。

毛泽东对王昌龄的边塞诗也很欣赏。王昌龄（698—约757），字少伯，京兆长安（今陕西西安）人，盛唐边塞诗人。玄宗开元十五年（727）进士，授秘书省校书郎。开元二十二年（734），又应博学宏词科登第，授汜水（今河南荥阳汜水镇）尉。开元二十七年（739），因事贬岭南，次年返回长安，同年冬出为江宁（今江苏南京）县丞。晚年贬龙标（今湖南黔阳）尉。故有王龙标、王江宁之称。安史乱起返乡，经过亳州（今安徽亳州），为刺史闾丘晓所杀。他与诗人王之涣、高适、岑参、王维、李白等都有交往。

他擅长七绝，名重一时，有"诗家夫子王江宁"之称（《唐才子传》卷二）。所作边塞诗，多写边塞军旅生活，气势雄浑，格调高昂。他的送别诗以诚挚深厚为特色。存诗180余首，《全唐诗》编为四卷。明人辑有

---

① 《党史文苑》2000年第1期。

《王昌龄集》。

对于气势豪迈、激昂慷慨的边塞诗，毛泽东向来爱读。20 世纪 60 年代，他又常常凭记忆用毛笔书写古诗词，练习书法。北京出版社 1996 年出版的《毛泽东手书选集·古诗词》（上册），除收有上述这首诗外，还收有《从军行》中的"大漠风尘日色昏，红旗半卷出辕门。前军夜战洮河北，已报生擒吐谷浑"一首；《春宫怨》："昨夜风开露井桃，未央殿前月轮高。平阳歌舞新承宠，帘外春寒赐锦袍"一首；还有被唐人称为压卷之作的《出塞》："秦时明月汉时关，万里长征人未还。但使龙城飞将在，不教胡马度阴山。"毛泽东把自己写的记载红军从江西到陕北战略大转移的诗篇命名为《长征》，党史上讲到这件事也称为"万里长征"，是否从这首诗得到启发呢？这些作品，都凸显出坚定不移的意志和昂扬奋发的人生风貌。

此外，毛泽东读文学古籍刊行社出版的清人蘅塘退士原编的《注释唐诗三百首》时，还圈阅了如下诸诗：《芙蓉楼送辛渐》（寒雨连江夜入吴）、《长信秋词》（奉帚平明金殿开）、《宫怨》（闺中少妇不知愁）、《塞上曲》（蝉鸣空桑林）、《塞下曲》（饮马渡秋水），以及他多次圈阅的《从军行》（烽火城西百尺楼）等诗。

毛泽东对王昌龄诗的若干字句，还颇求甚解。有一年，胡乔木曾就王诗《芙蓉楼送辛渐》，向他请教"寒雨连江夜入吴，平明送客楚山孤"的"楚"是指何地，他当即指出是指江苏江北。可谓一家之言。

毛泽东对另一位盛唐边塞诗人王之涣也很喜爱。王之涣（688—742），字季陵，晋阳（今山西太原）人，后迁居绛县（今山西新绛）。官冀州衡水主簿和文安县尉。其诗以描写边疆风光著称，多被乐工制曲传唱。《全唐诗》仅录存其诗 6 首。五绝《登鹳雀楼》和七绝《凉州词》是他的代表作。毛泽东对他的这两首作品，都圈阅并手书过。《注释唐诗三百首》载《登鹳雀楼》："白日依山尽，黄河入海流。欲穷千里目，更上一层楼。"毛泽东在这首诗题目上方天头空白处连画三个小圈，在正文开头处画了一个大圈①；《凉州词》："黄河远上白云间，一片孤城万仞山。羌笛何须怨

---

① 《毛泽东评点诗词曲精选》上册，中国档案出版社 1998 年版，第 23 页。

杨柳，春风不度玉门关。"这首诗，在《唐诗别裁集》和《注释唐诗三百首》中都以《出塞》为题，毛泽东都作了圈画。

李颀也是毛泽东喜爱的盛唐边塞诗人。李颀（690—751），祖籍赵郡（今河北赵县），长期居住颍阳（今河南登封西）。玄宗二十三年（735）进士及第。任新乡县尉，不久去官。后长期隐居嵩山少室山一带的"东川别业"，有时来往于洛阳、长安之间。他和盛唐的一些著名诗人王维、高适、王昌龄、綦毋潜等都有诗什往还。

其诗以五七言古诗及七言歌行见长，有的慷慨奔放，有的秀丽清幽。足以表现其诗歌成就的有三类诗作：一是边塞诗，如七言乐府诗《古从军行》：

> 白日登山望烽火，黄昏饮马傍交河。行人刁斗风沙暗，公主琵琶幽怨多。野云万里无城郭，雨雪纷纷连大漠。胡雁哀鸣夜夜飞，胡儿眼泪双双落。闻道玉门犹被遮，应将性命逐轻车。年年战骨埋荒外，空见蒲桃入汉家。

这首诗是反对非正义战争的，同时对西北少数民族地区的人民，在这种非正义战争中遭到的不幸和苦难，表示深切的同情。

这首诗和五言古诗《古意》，毛泽东在《注释唐诗三百首》中，在两诗的题目上方都画了一个大圈①。这两首诗，诗人以豪迈的语调写塞外的景象，揭露封建帝王开边黩武的罪恶，情调悲凉沉郁，毛泽东很爱读。

一是描写音乐的诗篇，如七言古诗《琴歌》《听董大弹胡笳弄兼寄语房给事》《听安万善吹觱（bì）篥歌》等，描述的是从西域传入的新声，可以看出唐朝文化的多方面发展，是我国诗歌中描写音乐的不可多得的佳作。在《注释唐诗三百首》三诗题头上方天头空白处，毛泽东都连画三个小圈②。

二是送别诗，如《送陈章甫》。陈章甫，楚人，开元进士。"因籍有

---

① 《毛泽东评点诗词曲精选》上册，中国档案出版社1998年版，第122页。
② 同上，第25—26页。

误，蒙袂而归"。李颀这首诗大概是送他落第还乡之作。诗人抓住人物的主要特征，用漫画的式的浓重笔触，把这位友人虬须虎眉大颡的外貌和"坦荡"的内心世界结合起来，展示他坎坷不平的人生，并倾注了作者深切的同情。对这首诗，毛泽东在《注释唐诗三百首》中连画两次，一次画了一个大圈，一次连画了三个小圈①，表示非常欣赏。

中唐时期还有两位边塞诗人，就是李益和卢纶，毛泽东也比较喜爱。

李益（748—829），字君虞，陇西姑臧（今甘肃武威）人，中唐诗人。唐代宗大历四年（769）登进士第。建中四年（783）登书判拔萃科．因仕途失意，客游燕、赵，曾任幽州节度使刘济从事，居边塞十余年。唐宪宗闻其诗名，召为秘书少监，后历任集贤学士、右散骑常侍、太子宾客。左散骑常侍，以礼部尚书致仕。

李益是中唐边塞诗的代表诗人。他自编从军诗50首。他的"征人歌且行"（《送辽阳使还军》）一篇，"好事者画为图障"；《夜上受降城闻笛》诗，"天下亦唱为乐曲"（《唐国史补》）。他的边塞诗虽不乏壮词，但偏于感伤，主要抒写遍地士卒久戍思归的怨望心情，不复有盛唐边塞诗的豪迈乐观情绪。他擅长绝句，尤工七绝，七律亦有佳作。今存《李益集》二卷。《全唐诗》录存其诗二卷。

《注释唐诗三百首》中载有李益的五言律诗《喜见外弟又言别》：毛泽东在这首诗的题目上方画了一个大圈，在正文开头处上方连画三个小圈②，表示欣赏。

1949年3月23日，毛泽东在由西柏坡到北平的途中，快到保定时，问他身边的工作人员韩桂馨保定是否有亲戚，可去看一看。他很感慨地说："'是嘛！我记得两首唐诗，很能表达你现在的这种心境。'他略沉思一下，以低沉的语气吟道：'一首是杜甫的《月夜忆舍弟》：……还有一首是李益的《喜见外弟又言别》：'十年离乱后，长大一相逢。问姓惊初见，称名忆旧容。别来沧海事，语罢暮天钟。明日巴陵道，秋山又几重。'诗

① 《毛泽东评点诗词曲精选》上册，中国档案出版社1998年版，第23—24页。
② 同上，第90页。

六、高适、岑参、王昌龄、李颀等边塞诗人

里讲的是李益见到他的表弟后，第二天又要分别时的心情。"①

这本书还载有李益的《夜上受降城闻笛》：

> 回乐峰前沙似雪，受降城外月如霜。不知何处吹芦管，一夜征人
> 尽望乡。

毛泽东读后，在正文开头处上方画了一个大圈②。

除了这两首诗外，在其他的唐诗选本中，毛泽东还圈阅如下李益的诗作：《盐州过胡儿饮马泉》《从军北征》《听晓角》《上汝州城楼》《临滹沱见蕃使列名》《拂云堆》和《送贾校书东归寄振上人》，前六首都是边塞诗，最后一首是赠别诗。

毛泽东喜爱的中唐时期另一位出色的边塞诗人是卢纶。卢纶（约748—800？），字允言，河中蒲今（山西永济）人，唐诗人。"大历十才子"之一。早年客居鄱阳，官至检校户部郎中。其反映军旅生活的边塞诗，气势雄浑。《塞下曲》是其名作。明人辑有《卢纶集》。《全唐诗》录存其诗5卷，共336首。

毛泽东对卢纶比较注意。〔宋〕欧阳修、宋祁撰《新唐书·卢纶传》写道："纶与吉中孚、韩翃、钱起、司空曙、苗发、崔峒、耿湋、夏侯审、李端皆能诗齐名，号'大历十才子'。"毛泽东读到这里，批注道："大历十子③。"

毛泽东对卢纶的《塞下曲》很感兴趣。《注释唐诗三百首》中选有四首：

> 鹫翎金仆姑，燕尾绣蝥孤。
> 独立扬新令，千营共一呼。
>
> 林暗草惊风，将军夜引弓。
> 平明寻白羽，没在石棱中。

---

① 郦延生：《历史的真言——李银桥在毛泽东身边工作纪实》，新华出版社2000年版，第551—552页。

② 《毛泽东评点诗词曲精选》上册，中国档案出版社1998年版，第133页。

③ 《毛泽东读文史古籍批语集》，中央文献出版社1993年版，第248页。

月黑雁飞高，单于夜遁逃。

欲将轻骑逐，大雪满弓刀。

野幕敞琼筵，羌戎贺劳旋。

醉和金甲舞，雷鼓动山川。

在《塞下曲》四首题头上方天头空白处，毛泽东连画三个小圈，在正文上方画了一个大圈，又连画三个小圈①。还有些不大清晰的圈，像是多次圈点。

唐人的边塞诗蔚为大观，作者很多。他如严武《军城早秋》，张籍《没番故人》，刘皂《旅次朔方》，许浑《塞下曲》，陈陶《陇西行》，卢弼《塞上四时词》，张乔《书边事》，张蠙《登单于台》，张仲素《塞下曲》、《凉州词》和西鄙人《哥舒歌》等优秀边塞诗，毛泽东都进行了圈画。

（二）边塞诗派名作欣赏

1. "忽如一夜春风来，千树万树梨花开"

1936 年，在延安他接受美国记者斯诺采访时说："但是在公园里和故宫广场上，我却看到了北方的早春。当北海仍然结着冰的时候，我看到白梅花盛开。我看到北海的垂柳，枝上悬挂着晶莹的冰柱，因而想起唐朝诗人岑参咏雪后披上冬装的树木的诗句：'千树万树梨花开'。北京数不尽的树木引起了我的惊叹和赞美。"②

毛泽东所引的诗句，出自岑参《白雪歌送武判官归京》。其诗原文如下：

---

① 《毛泽东评点诗词曲精选》上册，中国档案出版社 1998 年版，第 126 页。

② 《毛泽东同斯诺的四次谈话》，《毛泽东自述》，人民出版社 1996 年 11 月第 2 版，第 41 页。

北风卷地白草折，胡天八月即飞雪。忽如一夜春风来，千树万树梨花开。散入珠帘湿罗幕，狐裘不暖锦衾薄。将军角弓不得控，都护铁衣冷难着。瀚海阑干百丈冰，愁云惨淡万里凝。中军置酒饮归客，胡琴琵琶与羌笛。纷纷暮雪下辕门，风掣红旗冻不翻。轮台东门送君去，去时雪满天山路。山回路转不见君，雪上空留马行处。

这是天宝十三年（754）岑参在轮台写的一首送别诗。这是咏边地雪景，寄寓送别之情的诗作，全诗句句咏雪，勾出天山奇寒。

开篇先写野外雪景，把边地冬景比作南国春景，可谓妙手回春。再从帐外写到帐内，通过人的感受，写天之奇寒。然后再移景帐外，勾画壮丽的塞外雪景，安排了送别的特定环境。最后写送出军门，正是黄昏大雪纷飞之时，大雪封山，峰回路转，不见踪影，隐含离情别意。全诗连用四个雪字，写出别前、饯别、临别、别后四个不同画面的雪景，景致多样，色彩绚丽，十分动人。

此诗以咏白雪为主要内容，同时也抒发了诗人送别友人的深情厚意。诗的起首四句为诗的发端，直接写雪，特别是三、四两句"忽如一夜春风来，千树万树梨花开"，把人带入风雪弥漫、景物新奇的境地。以花喻雪，源于南朝梁萧子显《燕歌行》"洛阳梨花落如雪"。但诗人将北国冬天的雪花比作南方春天的梨花，使严寒之中透露出盎然春意，别有一番情趣。冬天，百花藏形匿影，百虫声销迹灭，到处是一片荒凉的景色：衰败的枯草，凛冽的北风，天空中愁云密布，大地上冰天雪地。面对此景，人的心境应该是惆怅、凄苦的，然而诗人却能别出心裁，笔锋一转，把这令人凄清的雪花化为春日之梨花，给全诗增加一点亮丽的色彩。诗人能从雪花联想到梨花，抒发了对美好生活的向往之情。正如雪莱所说，冬天已经来了，春天还会远吗？

大雪纷飞，满眼是银白世界，然而，在这皑皑白雪中，中军帐上那一面鲜红的旗帜就格外引人注目。这冷色基调上的一星暖色，一方面衬得整个画面更加洁白、凄寒，另一方面又给人以活力，给人以火热的激情，积极向上的进取精神。这是诗中又一处精彩的奇笔。它表现大雪纷飞，一夜之间，天山南北，玉树琼枝，大地银装素裹，变成了冰雪世界，境界是何等新奇壮美！

诗中对送别的具体情景着墨不多，采用的是侧面烘托。诗中用音乐来烘托送别的场面，而写音乐又不是侧重其本身，而是选用几种有代表性的边塞器乐——胡琴、琵琶与羌笛，引人无限遐想。送行的酒宴一直持续到垂暮时分。诗人送友人出了辕门，从辕门一直送到轮台东门，依依惜别之情跃然纸上。"去时雪满天山路，山回路转不见君，雪上空留马行处"，友人已经上路，而诗人依然站在雪地里，久久望着友人远去的马蹄印而不愿离去，悠悠情思如同那茫茫白雪一样，绵绵不断，真是言有尽而意无穷。结尾三句，以景结情，余味不尽。

2. "秋来倍忆武昌鱼"

1956 年 3 月 31 日至 6 月 3 日，毛泽东在武汉先后三次畅游长江。一次毛泽东游长江后在轮船上吃饭，厨师杨纯清给他做了四菜一汤，其中有一盘清蒸武昌鱼。毛泽东喝了一小杯茅台酒，吃了一小碗米饭，武昌鱼全吃光了。

毛泽东回到武昌东湖住地，对杨纯清说："杨师傅哎，你做的武昌鱼蛮不错。这武昌鱼还有典故的：岑参有'秋来倍忆武昌鱼，梦魂只在巴陵道'，马祖常有'携妇归来拜邱陇，南游莫忘武昌鱼'。看来武昌鱼历史悠久。"[1]

毛泽东谈话中提到的两位诗人是岑参和元代诗人马祖常。岑参写到武昌鱼的一首诗题作《送费子归武昌》。诗的原文是：

> 汉阳归客悲秋草，旅舍叶飞愁不扫。
>
> 秋来倍忆武昌鱼，梦著只在巴陵道。
>
> 曾随上将过祁连，离家十年恒在边。

---

[1] 杨纯清：《辣椒、娃娃菜和武昌鱼》，《毛泽东在湖北》，中共党史出版社1993 年版，第 314 页。

剑锋可惜虚用尽，马蹄无事今已穿。

知君开馆常爱客，摴蒱（chū pú）百金每一掷。

平生有钱将与人，江上故园空四壁。

吾观费子毛骨奇，广眉大口仍赤髭。

看君失路尚如此，人生贵贱那得知？

高秋八月归南楚，东门一壶聊出祖。

路指凤皇山北云，衣沾鹦鹉洲边雨。

勿叹蹉跎白发新，应须守道勿羞贫。

男儿何必恋妻子，莫向江村老却人。

这首七言歌行是送别诗。送别的对象"费子"，姓费氏，名不详，生平无考。从诗中所写的内容来看，费氏早年戍边，立有军功，并未显贵，后羁留都城长安，开了一个小旅馆。光阴荏苒，倏忽十年，费子进入老境，思归故里，诗人便写了这首诗为他送行。"子"，古代对男子的尊称或美称。

全诗二十四句，每四句为一节，共六节。开头四句写费子思归。秋天到了，费子更加思念武昌鱼，做梦只在回家的巴陵道上；"曾随上将过祁连"四句，写费子早年从军戍边，立有军功；"知君开馆常爱客"四句，写费子重义轻财，豪爽好友；"吾观费子毛骨奇"四句，写对费子相貌奇特而生活失意的劝勉。"高秋八月归南楚"四句，写诗人为费子饯行。末四句是诗人对费子热情赞扬，对其归家加以劝勉。总之，这首诗对费子遭遇的不公待遇深表同情，对其豪爽好客的性格热情赞扬，对其归家加以劝勉。全诗语言质朴，感情真挚，是一首送别佳作。

3. "这里有意志"

毛泽东在青年时期就喜爱王昌龄的边塞诗。1917年，毛泽东在他所写的《体育之研究》中说："夫体育之主旨，武勇也。武勇之目，若猛烈，若不畏，若敢为，若耐久，皆意志之事。取例明之……夫力拔山气盖世，猛烈而已；不斩楼兰誓不还，不畏而已；化家为国，敢为而已；八年于外，三过其门而不入，耐久而已。要皆于日常体育之小基之。意志也者，固人生事业之先驱也。"①

　　文章所引用的"不斩楼兰誓不还",出自王昌龄的《从军行》之四。原诗是:青海长云暗雪山,孤城遥望玉门关。黄沙百战穿金甲,不斩楼兰终不还。"

　　毛泽东很喜爱这首诗,在不同的唐诗版本中,先后圈点过五六次,还手书过这首诗。

　　1958年初,毛泽东的女儿李讷因病住院治疗,两次外科手术做得不好,引起伤口感染,发起高烧。毛泽东知道后,于2月3日在参加第一届全国人民代表大会第五次会议期间,给李讷写了一封信,内称:

　　　　害病严重时,心旌摇摇,悲观袭来,信心动荡。这是意志不坚决,我也尝尝(常常)如此。……意志可以克服病情。一定要锻炼意志。……为你的事,我此刻尚未睡,现在我想睡了,心情舒畅了。诗一首:青海长云暗雪山,孤城遥望玉门关。黄沙百战穿金甲,不斩楼兰誓不还。这里有意志。知道吗?②

　　王昌龄的《从军行》共七首,向来被推为边塞诗名作。毛泽东信中所写的是第四首。这首诗借雪山孤城作背景,有力地显示出身经百战、金甲磨穿的战士们以身许国的决心和力克强敌的坚强意志。所以,毛泽东说,"这里有意志",并说过"意志可以克服病情",勉励女儿李讷"一定要锻炼意志",战胜病魔。

　　① 中共中央文献研究室等编:《毛泽东早期文稿》,湖南出版社1990年版,第71页。
　　② 《老一代革命家家书选》,中央文献出版社、生活·读书·新知三联书店1990年版,第55—56页。

六、高适、岑参、王昌龄、李颀等边塞诗人

七、"以文为诗"的韩愈及苦吟诗派

（一）"韩愈以文为诗"，有些诗"还是可以的"

1965年7月21日，毛泽东在致陈毅的信中说：

> 又诗要用形象思维，不能如散文那样直说，所以比、兴两法是不能不用的。赋也可以用，如杜甫之《北征》，可谓"敷陈其事而直言之也"，然其中亦有比、兴。"比者，以彼物比此物"，"兴者，先言他物以引起所咏之词也"。韩愈以文为诗；有些人说他完全不知诗，则未免太过，如《山石》《衡岳》《八月十五酬张功曹》之类，还是可以的。据此可以知为诗之不易。宋人多数不懂诗是要用形象思维的，一反唐人规律，所以味同嚼蜡……。[①]

毛泽东信中所说的韩愈（768—824），字退之，河南河阳（今河南孟州西）人。因自谓郡望昌黎，世称韩昌黎。唐代诗人、文学家。德宗贞元八年（792）进士。曾任国子博士、刑部侍郎等职。因谏阻宪宗迎佛骨，贬为潮州刺史。后官至吏部侍郎，世称韩吏部。谥号"文'，又称韩文公。

韩愈政治上反对藩镇割据，思想上尊儒排佛，文学上主张继承秦汉散文传统，反对六朝以来的骈体文风，提倡散体，提出"文以载道"和"文道合一"的观点，与柳宗元同为古文运动的倡导者，居"唐宋八大家"之

---

① 《毛泽东书信选集》，人民出版社1983年版，第608页。

首。其诗风格奇崛，笔力雄劲，有独特风韵，但过分追求奇崛和"以文为诗"，影响了诗歌形象和音乐美，对宋诗创作影响颇大。有《昌黎先生集》。

毛泽东在致陈毅谈诗的信中，举出韩愈三首诗，认为"还是可以的"。我们先看《山石》：

> 山石荦（luò）确（kè）行径微，黄昏到寺蝙蝠飞。
>
> 升堂坐阶新雨足，芭蕉叶大栀子肥。
>
> 僧言古壁佛画好，以火来照所见稀。
>
> 铺床拂席置羹饭，疏粝亦足饱我饥。
>
> 夜深静卧百虫绝，清月出岭光入扉。
>
> 天明独去无道路，出入高下穷烟霏。
>
> 山红涧碧纷烂漫，时见松枥（lì）皆十围。
>
> 当流赤足蹋涧石，水声激激风吹衣。
>
> 人生如此自可乐，岂必局束为人鞿。
>
> 嗟哉吾党二三子，安得至老不更归。

这是一首以七言古诗形式写的山中佛寺游记。所游之寺，为洛阳惠林寺。此诗写于贞元十七年（801）。山石，旧诗中常有以首句二字为题，实与内容无关。

贞元十七年七月，韩愈的几位朋友约他到洛水钓鱼，奔波整日，所获甚微，天色既晚，他们就到附近山上的惠林寺借宿，因而写了这首诗。

全诗可分四节。开头四句为第一节，先写到山寺时所感。接下六句为第二节，写到山寺后借宿过程中所见所闻所感。再接下六句为第三节，写天明离寺归去时在山林之所见所闻。最后四句为第四节，抒发乐而忘返的情怀。

全诗叙写了入寺、宿寺、离寺的全过程，是所谓"敷陈其事而直言之也"，用的是赋的写法。赋者，铺也，即展开叙述和描写，而不是一笔带过，或点到为止。所以诗中描景状物，多用白描，如"山石荦确行径微，黄昏到寺蝙蝠飞。升堂坐阶新雨足，芭蕉叶大栀子肥"等，都用白描，语言平易，形象鲜明，风格清新，颇为耐读，是符合形象思维规律的，所以，毛泽东认为还是可以的。

《衡岳》，原题为《谒衡岳庙遂宿岳寺题门楼》，也是一首古风。"谒"，进见。衡岳，即衡山，也称南岳。衡岳庙，在今湖南衡山县西30里。

此诗写于永贞元年（805），诗人由郴州赴江陵途中。原文如下：

> 五岳祭秩皆三公，四方环镇嵩当中。
>
> 火维地荒足妖怪，天假神柄专其雄。
>
> 喷云泄雾藏半腹，虽有绝顶谁能穷？
>
> 我来正逢秋雨节，阴气晦昧无清风。
>
> 潜心默祷若有应，岂非正直能感通。
>
> 须臾静扫众峰出，仰见突兀撑青空。
>
> 紫盖连延接天柱，石廪腾掷堆祝融。
>
> 森然魄动下马拜，松柏一径趋灵宫。
>
> 粉墙丹柱动光彩，鬼物图画填青红。
>
> 升阶伛偻荐脯酒，欲以菲薄明其衷。
>
> 庙令老人识神意，睢盱（suī xū）侦伺能鞠躬。
>
> 手持杯珓（jiào）导我掷，云此最吉余难同。
>
> 窜逐蛮荒幸不死，衣食才足甘长终。
>
> 侯王将相望久绝，神纵欲福难为功。
>
> 夜投佛寺上高阁，星月掩映云朣胧。
>
> 猿鸣钟动不知曙，杲（gǎo）杲寒日生于东。

贞元十九年（803），京畿大旱。韩愈因上书请宽民徭，被贬为连州阳山（今属广东）令。永贞元年（805）遇大赦，离阳山到郴州（今湖南郴州）待命。九月，由郴州赴江陵府（今湖北江陵）任法曹参军，途中游衡山时写下这首诗。诗中深沉地抒发了他对仕途坎坷的不满情怀。

诗的开头六句，先总写衡岳的崇高地位及其特殊的自然条件。次八句通过登山，具体描绘衡岳气候瞬间变化及其突兀雄拔、连延腾掷的奇妙景观。再下十四句，叙写参谒衡岳庙的经过。最后四句："夜投佛寺上高阁，星月掩映云曈胧。猿鸣钟动不知曙，杲杲寒日生于东。"写宿岳寺的情况。

韩愈"以文为诗"，但这首诗写得感情饱满，形象生动，具有一种桀骜不驯的劲健风格和奇伟不凡的阔大气势。诗中不仅赞美了祖国名山胜景的雄奇俊伟，而且也宣泄了自己的牢骚和怨愤。

我们再看《八月十五夜赠张功曹》。张功曹，即张署，河间（今河北河间）人。功曹，官名。

贞元十九年（803），韩愈和张署同在长安任监察御史，时关中大旱，因进谏德宗减免赋税，情辞恳激，为幸臣李实所谗毁，触怒德宗，遂贬为阳山令，张署贬为临武（今湖南临武）令。贞元二十一年（805），顺宗李诵即位，大赦天下，韩愈和张署到郴州（今湖南郴州）待命。同年八月顺宗禅位，宪宗李纯登基，又一次颁布大赦令，韩愈得到的只是改官江陵府法曹参军，张署改为江陵府功曹参军。这首诗就是在郴州得到改官江陵的消息时作的。中秋之夜，二人饮酒赋诗，诗人写下了倾诉悲情的七言古诗。原文是这样的：

纤云四卷天无河，清风吹空月舒波。
沙平水息声影绝，一杯相属君当歌。
君歌声酸辞且苦，不能听终泪如雨。
洞庭连天九疑高，蛟龙出没猩鼯号。
十生九死到官所，幽居默默如藏逃。
下床畏蛇食畏药，海气湿蛰熏腥臊。
昨者州前捶大鼓，嗣皇继圣登夔皋。
赦书一日行万里，罪从大辟皆除死。
迁者追回流者还，涤瑕荡垢清朝班。
州家申名使家抑，坎轲只得移荆蛮。
判司卑官不堪说，未免捶楚尘埃间。
同时辈流多上道，天路幽险难追攀。
君歌且休听我歌，我歌今与君殊科。

七、"以文为诗"的韩愈及苦吟诗派

一年明月今宵多，人生由命非由他，

有酒不饮奈明何！

　　这首诗以近散文化的笔法，古朴的语言，直陈其事，主客互相吟诵诗句，一唱一和，我中有你，你中有我，衷情互诉。诗里写了张署的"君歌"和作者的"我歌"。题为"赠张功曹"，却没有以"我歌"作为描写的重点，而是反客为主，把"君歌"作为主要内容，借张署之口，浇诗人胸中之块垒。

　　这首诗可分为三节：开头六句为第一节，诗人从对月当歌的清丽景色写起，自然转入张署的歌词。接下十八句为第二节，是主题歌，诗人借张署之口，倾诉了被贬之后"十生九死"的悲惨遭遇和大赦之后本应昭雪还朝，然却仍被视为罪臣、量移"荆蛮"之地的不幸。最后五句为第三节，诗人用轻快的笔调，旷达的语言，作了自我解脱，把一腔愁绪，化为杯酒清歌。全诗结构谨严，朴素自然，声韵谐调，于严峻处显出爽朗，表现了诗人的积极思想和艺术匠心。

　　宋人以才学、议论、散文为诗，有时理胜于情，缺少唐诗的含蓄蕴藉。这种风气韩愈已开其端。所谓"以文为诗"，就是指韩愈用写散文的方法作诗。宋人陈师道《后山诗话》："退之（韩愈）以文为诗，子瞻（苏轼）以诗为词，如教坊雷大使之舞，虽极天下之工，要非本色。"刘大杰《中国文学发展史》第十五章："韩愈的诗歌，在反对当时流行的轻浮靡荡的诗风上，是起了很大的作用的。他以文为诗，别辟蹊径，同他反骄复古的散文运动的思想是一致的。"韩愈作为诗文大家，他以文为诗的特点常使他的诗作"如散文那样直说"，成为押韵的散文。这一直为历代诗评家所诟病。毛泽东也颇不欣赏，但认为他有些诗写得还是可以的。

　　毛泽东曾手书过韩愈的《石鼓歌》中从"张生手持石鼓文……雨淋日炙野火燎"一段文字，还手书过韩愈的《次潼关先寄张十二阁老》《晚次宣溪辱韶州张端公使君惠书叙别酬以绝句二章》[1]；在一本《注释唐诗三百首》中，他在《山石》题头上方画了三个小圈，在《石鼓歌》题头上方画

---

① 《毛泽东手书选集·古诗词》上册，北京出版社1993年版，第217—224页。

138

了一个大圈，正文上方画了三个小圈^①，还圈点过《奉和库部卢四兄曹长元日回朝》《左迁至蓝关示侄孙湘》二诗^②；在《贺新郎·别友》一词初稿中曾引用韩愈《听颖师弹琴》中"昵昵儿女语"一句入词；他的《满江红·和郭沫若同志》一词中的"蚍蜉撼树谈何易"，即从韩愈《调张籍》一诗中的"蚍蜉撼大树，可笑不自量"点化而来。可见毛泽东对韩愈的诗并不全盘抹杀，还是有所肯定的。正如他1976年2月12日致刘大杰信说："我同意你对韩愈的意见，一分为二为宜。"对韩愈的诗，也当如是观。

另一位著名的苦吟诗人是贾岛。贾岛（779—843），字阆仙，一字浪仙，自称碣石山人，范阳（今河北涿州）人。唐代诗人。早年做过和尚，法名无本。唐宪宗元和五年（810）至长安，见张籍。次年至洛阳，始谒韩愈。以诗深得赏识。传说贾岛骑驴吟"鸟宿池边树，僧敲月下门"，炼"推""敲"未决，误冲京兆尹韩愈的车驾，韩为定"敲"字。这就是"推敲"的故事。后还俗，屡举进士不第。文宗时，因飞谤，贬长江主簿。

贾岛在韩门，与张籍、孟郊游。又与马戴、姚合为诗友，往来酬唱甚密。他擅长五律，苦吟成癖，自谓"一日不作诗，心源如废井"（《戏赠友人》）、"两句三年得，一吟双泪流"（《题诗后》）。其诗造句奇特，常写荒凉冷落之景，表现愁苦幽独之情，构成贾岛奇僻清峭的风格。有《长江集》。

毛泽东对贾岛的诗也很注意。贾岛的五律《忆江上吴处士》，他圈画过多次，并手书过其中的"秋风生渭水，落叶满长安"一联；他的《满江红·和郭沫若同志》中"正西风落叶下长安，飞鸣镝"，也由此二句化出。

1959年11月，在杭州居住的毛泽东，去登位于杭州郊外的德清县境内的莫干山，在传说干将、莫邪铸剑的池水旁，屹立着一块巨大的磨剑石，四壁石崖有多处题刻。毛泽东驻足片刻，喃喃自吟："十年磨一剑，霜刃未曾试。"^③

---

① 《毛泽东评点诗词曲精选》上册，中国档案出版社1998年版，第40、43页。

② 张贻玖《毛泽东评点、圈阅的中国古典诗词》，中国工人出版社1992年版，第232页。

③ 李林达：《情满西湖——毛泽东在浙江纪实》，中央文献出版社1993年版，第118—119页。

毛泽东所引诗句见于贾岛《剑客》。原诗是：

> 十年磨一剑，霜刃未曾试。
> 今日把示君，谁为不平事。

诗题又作《题剑》。此诗赞扬了为铲除社会不平而刻苦自励的剑客。也是诗人的自况。

毛泽东还圈阅过贾岛的七律《寄韩潮州愈》一诗。

（二）韩派名篇欣赏

1. 引韩愈诗说通古今

1939年5月12日，毛泽东在延安在职干部教育动员大会上的讲话中，讲到当时开展的学习运动时说：

> 古人讲过："人不通古今，马牛而襟裾"，就是说，人不知道古今，等于牛马穿了衣裳一样。什么叫"古"？"古"就是"历史"，过去的都叫"古"，自盘古开天地，一直到如今，这个中间过程就叫"古"。"今"就是现在。我们单通现在是不够的，还须通过去。延安的人要通古今，全国的人要通古今，全世界的人也要通古今，尤其是我们共产党员，要知道更多的古今。通古今就要学习，不但我们要学习，后人也要学习，所以学习运动也有它的普遍性和永久性。[①]

毛泽东在讲话中所说的"古人"，指唐朝的文学家韩愈；所引的两句诗，见韩愈的《符读书城南》。原诗是：

---

① 《毛泽东文集》第二卷，人民出版社1993年版，第177页。

木之就规矩，在梓匠轮舆。

人之能为人，由腹有诗书。

诗书勤乃有，不勤腹空虚。

欲知学之力，贤愚同一初。

由其不能学，所入遂异间。

两家各生子，提孩巧相如。

少长聚嬉戏，不殊同队鱼。

年至十二三，头角稍相疏。

二十渐乖张，清沟映污渠。

三十骨骼成，乃一龙一猪。

飞黄腾踏去，不能顾蟾蜍。

一为马前卒，鞭背生虫蛆。

一为公与相，潭潭府中居。

问之何因尔，学与不学欤！

金璧虽重宝，费用难贮储。

学问藏之身，身在则有余。

君子与小人，不系父母且。

不见公与相，起身自犁锄。

不见三公后，寒饥出无驴。

文章岂不贵，经训乃菑畬。

清潦无根源，朝满夕已除。

人不通古今，马牛而襟裾。

行身陷不义，况望多名誉。

时秋积雨霁，新凉入郊墟。

灯火稍可亲，简编可卷舒。

岂不旦夕念，为尔惜居诸。

恩义有相夺，作诗劝踟蹰。

这是一首韩愈教诲儿子韩符读书的诗。"符"，韩愈子昶的小名。韩昶自撰《墓志》:"生徐之符离,小名曰符。""城南",长安南郊之樊川,韩愈有别墅,即韩愈送符读书之地。

这是一首古风。全诗可分四节,从开头至"所入遂异间"为第一节,总说读书的意义。以木匠用规和矩才能做成车子,比喻人要有智慧,必须饱读诗书。人生下来聪明和愚笨都一样,只是学习努力不同,才分出高下。

从"两家各生子"至"身在则有余"为第二节,在两家孩子的成长过程的对比中进一步论述读书的意义。孩子成长分初生下来、稍长之时、十二三岁、二十岁、三十岁五个阶段,从相类到差别逐步扩大,在于"学与不学"的缘故。又进而在学问与金璧的对比中说明学问的可贵。

从"君子与小人"至"况望多名誉"为第三节,阐述读书对为人处世的意义:君子小人,不系父母。王侯将相,起自草野;三公后人,无驴可骑。都因读书所致。"人不通古今,马牛而襟裾",意谓人不通古博今,就像穿上衣裳的马牛一样,沦入动物一族,失去为人的资格,岂不悲哉!那样立身行事便会悖于事理,多有不当,还会有什么好名誉呢?

从"时秋积雨霁"至篇末为第四节,秋高气爽,正是挑灯夜读之时,劝符发愤读书,揭出此诗题旨。

此诗中"人不通古今,马牛而襟裾"二句,言简意赅地揭示出读书的重要意义,乃至理名言。1939 年 5 月 12 日,毛泽东在讲话中引用这两句诗,并进行了精辟的解释和阐发,不仅推动了当时延安在职干部的学习运动,对今天的我们仍有启迪和教育意义。

2."谁言寸草心,报得三春晖"

毛泽东尊老敬贤,感谢曾教育和资助、支持他革命工作的家乡亲人和师友,中华人民共和国成立之初曾请他们到北京参观游览,赠钱赠物,表达谢意。

1951 年 9 月,曾任湖南第一师范校长的张干和历史教员罗元鲲应毛泽东之邀赴京相见,在武汉时,与毛泽东邀请的另外两位客人李漱清和邹普勋不期而遇。四人一起抵达北京,在国务院招待所住下。26 日中午,毛泽东盛宴招待这几位客人。

当接他们的车子进新华门，驶到丰泽园，身材魁伟、容光焕发的毛泽东就笑盈盈地迎上前去，一一握手问好。随即请进客厅。

毛泽东恭谨谦和，定要张干、李漱清先生坐上方，他自己坐下方。李漱清是毛泽东在韶山读私塾时的老师，已八十高龄，坐上方理所当然。但李先生定要将首席让给小他十几岁的第一师范前校长张干，张干不敢当，直到毛泽东发了话。

叙谈间，毛泽东叫来子女向他们介绍自己的老校长和师友，诙谐地说："你们平时讲，你们的老师怎么好，怎么好。这是我的老师。我的老师也很好。"师友们顿时消除了拘谨情绪，心里说不出的温馨和慰藉，再看毛泽东子女的神色，则是又惊异、又快活，显然都为爸爸尊师敬老之情所动。

毛泽东又说："次崙先生和元鲲先生，都没有入蒋匪帮，是好的。没有听人讲你们的坏话。"

张干内疚不安，想到当年那场学潮和要开除毛泽东的事，如鲠在喉，欲吐为快；又觉得师友久别重逢，气氛融和，此刻道出来不好。然而，他还是控制不住自己的感情，自责了起来。

毛泽东缓缓地摆摆手："我那时年轻，看问题片面。过去的事，不要提它了。"随即问张干现在任教的情形。

张干说："我在妙高峰中学教书。"

毛泽东说："你年纪大了，就不要教了。学校应该优待，照送薪水。"

开席后，毛泽东频频为四位师友夹菜，一个一个敬酒。张干喝下毛泽东敬的酒，也敬了毛泽东一杯，并祝他万寿无疆。

毛泽东乐呵呵地说："老师敬酒祝词，不敢当不敢当。"他谦和地引用古诗说："谁言寸草心，报得三春晖，我这棵'寸草'，是怎么也难报答老师的'三春晖'啊！①"

毛泽东给张干劝酒时引用的两句古诗，出自唐代诗人孟郊的《游子吟》，全文如下：

①谢柳青：《毛泽东的亲情·乡情·友情》，辽宁大学出版社1992年版，第111页。

慈母手中线，游子身上衣。

临行密密缝，意恐迟迟归。

谁言寸草心，报得三春晖。

孟郊（751—814），字东野，湖州武康（今浙江德清）人。少年时隐居嵩山。近五十才中进士，任溧阳县尉、协律郎等职。与韩愈交情颇深。其诗感伤自己的遭遇，多寒苦之音。用字造句力避平庸浅率，追求瘦硬。与贾岛齐名，有"郊寒岛瘦"之称。有《孟东野集》。

《游子吟》是孟郊的代表作，也是唐诗中的名篇。题下自注："迎母；溧上作"，当是他居官溧阳时的作品。诗中亲切而真悖地吟诵了一种普通而伟大的人性美——母爱，因而引起了无数读者的共鸣，千百年来一直脍炙人口。

深挚的母爱，无时无刻不在沐浴着儿女们。然而对于孟郊这位颠沛流离、居无定所的游子来说，最值得回忆的，莫过于母子分离的这一刻了。此诗描写的就是这种时候慈母缝衣的普通场景，而表现的，却是诗人深沉的内心感情。

"慈母手中线，游子身上衣"，开头两句从人写到物，突出了两件最普通的东西，写出了母子相依为命的骨肉之情。"临行密密缝，意恐迟迟归"，三、四两句写出人物的动作和意志，把笔墨集中在慈母上。游子行前，老母一针一线，针针线线都是这样细密，是怕儿子迟迟不归，故而把衣衫缝得更结实一点。慈母的一片深笃之情，正是在日常生活中最细微的地方流露出来的。朴实自然，亲切感人。最后两句，以当事者的直觉，翻出进一层的深意："谁言寸草心，报得三春晖。""寸草"，象征子女。"心"，草木的茎干，也叫作芯。"心"字语义双关。"三春晖"，春天的阳光，象征贫苦人家的母亲对子女的关心。这两句是说，子女对母亲的心意，不能报答母亲对于子女的爱于万一。真有"欲报之德，昊天罔极"之意，感情是那样淳厚真挚。

这首诗是歌颂母爱的，毛泽东却用来称赞他的校长，是不是用错了？其实不错。因为我国古代谚语有云：一日为师，终身为父。是说一日做了老师，就终生受到像父亲一样的尊敬。极言师生情谊深厚。父亲母亲又是同样受到子女的尊敬，故亦可用称颂母爱的诗句称颂老师。

其实，毛泽东早就用这个典故赞扬自己的母亲。1919 年 10 月，毛泽东的母亲文七妹因患瘰疬（luǒ lì，俗称疬子颈）而逝世，终年 53 岁。毛泽东得知这一不幸消息，从长沙昼夜兼程赶回韶山。在悲痛中，他撰写了有 400 余字的《祭母文》，赞扬母亲敦厚诚实、勤劳俭朴的美德，还撰写了两副著名的挽联。其中一副是：

春风南岸留晖远，秋雨韶山洒泪多。

上联"留晖远"，就是对孟郊《游子吟》中"春晖"喻母爱之典的化用，指母亲的高风亮节传留久远；下联以韶山秋雨喻儿子悲哀眼泪之多，充分表达了母爱之深和儿子的哀思之无穷。

饭后，毛泽东陪同四位师友参观中南海、看电影。晚上，毛泽东又派人送来日用物品，每人 1 套。各为盖被、褥子、布毡一床，毛呢服 1 套，枕头 1 个，枕巾 1 方，面巾 1 条，袜子 1 双，香皂 1 块，牙刷 1 支。他们事后得知，都是毛泽东拿自己的稿费购买赠送的。

张干在这天的日记中写道："毛主席优待我们，可谓极矣。我们对革命无所贡献，而受优待，心甚惭愧！"

9 月 27 日下午，卫生部副部长傅连暲受毛泽东之托，来到寓所，亲自为张干等检查身体。

在京两个月，张干不但在国庆节时登上天安门观礼台，游览了京津名胜古迹，还第一次乘坐飞机鸟瞰了长城风光。

11 月 8 日，毛泽东邀张干、李漱清、罗元鲲、邹普勋四位师友，来到中南海瀛台，合影留念。晚上，再次请他们吃饭、看电影。

11 月 12 日，张干行将启程南归时，毛泽东派人送去零用钱 150 万元（旧币，折合现在 150 元），并鹿茸精 1 瓶，嘱咐每日服 2 次，每次于饭前 20 分钟服 20 滴。毛泽东关照他多多保重身体。

在南行的列车上，张干依然沉浸在幸福之中，他一次次回味着 60 个不平凡的日日夜夜。他给毛泽东写了一封信：

润之主席惠鉴：

敬启者，干此次来京，荷蒙殷勤接待。食用兼全，被褥衣裳，全部赠给。不但给干以彻底自新之鼓励，而且足以挽回轻视教育工作者与老者之作风。愧受之余，感佩无极。兹干于参观此间办理较优之名校后，即行南返，继续学习，姑蒙不弃，委以重任，自当尽力完成，以副厚意，决不以年老家贫有所顾虑而误事也。

一此道谢，敬颂政祺，并希照拂不一。

张干

一九五一年十月二十日

张干回到长沙，先受聘为湖南省军政委员会参议室参议，后受聘为湖南省人民政府参事室顾问，每月领取优金，加上学校薪水，一家人生活有了保障。他常参议国家大事，应邀作报告，深为人敬重。

20世纪60年代初，我国国民经济虽有所好转，人民生活依然比较困难。当时，张干身体不适，生活拮据。已任副省长的周世钊秉承毛泽东的来信嘱托，前去看望他。毛泽东给周世钊的一封信中写了如下一段话："老校长张干（忘其别甫，是否叫作次崙？）先生，寄我两信，尚未奉复，他叫我设法助其女儿返湘工作，以便侍养。此事我正在办，未知能办得到否？如办不到，可否另想方法。请你暇时找张先生一叙，看其生活上是否有困难，是否需要协助。叙谈结果，见告为荷。"不久，张干收到了毛泽东的复信：

次崙先生左右：

两次惠书，均已收读，甚为感激。遵恙情况，周惇元兄业已见告，极为怀念。寄上薄物若干，以为医药之助，尚望收纳为幸。

敬颂早日康复。

毛泽东

一九六三年五月二十六日

毛泽东信中所说"薄物若干",是 2000 万元（折合现在 2000 元）人民币。这是毛泽东托湖南省委第一书记从北京捎去的。

2000 万元人民币，这在当时可不是一个小数目。张干万万没有想到毛泽东给他这么一大笔钱。他十分感动，表示要好好教育子女，学成一技之长，以此报效国家。

八、"诗豪"刘禹锡及其他中唐诗人

（一）"诗豪"刘禹锡及其他中唐诗人

刘禹锡（772—842），字梦得，洛阳（今河南洛阳）人，自称中山（治所在今河北定州）人。唐代中期诗人、哲学家。他的家庭是一个世代以儒学相传的书香门第。贞元九年（793）中进士，登博学宏词科。翌年举吏部取士科，授太子校书。永贞元年（805），因辅助王叔文进行政治革新，先贬连州刺史，又贬朗州司马。后回京，再贬连州刺史。历夔州、和州刺史。大和元年（827），回洛阳任职。次年回朝任主客郎中，后出苏州、汝州、同州刺史。开成元年（836），改任太子宾客，分司东都。会昌元年（841），加检校礼部尚书衔。世称刘宾客、刘尚书。临终前撰《子刘子自传》。

诗现存 800 余首。其学习民歌，反映民众生活和风土人情的诗，题材广阔，风格上汲取巴蜀民歌含思婉转、朴素优美的特色，清新自然，健康活泼，充满生活情趣。其讽刺诗往往以寓言托物手法，抨击镇压永贞革新的权贵，涉及较广的社会现象。晚年所作，风格渐趋含蓄，讽刺而不露痕迹。

有《刘宾客文集》《刘禹锡集》。事迹见新、旧《唐书》本传和唐人韦绚《刘宾客嘉话录》。今人卞孝萱有《刘禹锡年谱》。

毛泽东称赞刘禹锡是一位朴素唯物主义思想家。1959 年，毛泽东在和他身边的工作人员谈话时说："柳宗元是一位唯物主义哲学家，见之于他的《天论》，刘禹锡发展了这种唯物主义。"①

在一本《唐诗别裁集》中，毛泽东在刘禹锡的名字上面，用红铅笔画着大的圈记，用黑铅笔画着一条粗重的着重线。在一本《注释唐诗三百首》中，对《蜀先主庙》批注曰："略好。"此外，还圈阅过《松滋渡望峡中》《酬乐天扬州初逢席上见赠》《石头城》《乌衣巷》《听旧宫人穆氏唱歌》《与歌者何戡》《杨柳枝词》（炀帝行宫汴水滨）《和令狐相公别牡丹》以及《潇湘神》（斑竹枝）等十余首。②

（二）刘禹锡等人名篇欣赏

1. "会背刘禹锡写的《西塞山怀古》这首诗吗？"

1975 年 5 月的一个夜晚，明月高悬，中南海的湖水很平静，毛泽东居住的乳白色平房笼罩在皎洁的月光中。芦荻怀着异常兴奋的心情，第一次来到毛泽东身边。

毛泽东高兴地说："啊，四八年参加革命的，参加过抗美援朝！"接着又微笑着问："你大概喜欢秋天吧？"

芦荻一时不知如何对答。毛泽东爽朗地笑了，"你为什么叫芦荻？会背刘禹锡写的《西塞山怀古》这首诗吗？"

芦荻把这首诗背诵给毛泽东听，毛泽东也铿锵有力地吟诵了这首诗：

> 王濬（jùn）楼船下益州，金陵王气黯然收。
>
> 千寻铁锁沉江底，一片降幡出石头。
>
> 人世几回伤往事，山形依旧枕寒流。
>
> 今逢四海为家日，故垒萧萧芦荻秋。

---

① 林克：《忆毛泽东学英语》，《毛泽东的读书生活》，生活·读书·新知三联书店 2014 年版，第 322 页。

② 中央档案馆整理：《毛泽东评点诗词曲精选》上册，中国档案出版社 1998 年版。

芦荻这才明白了，毛泽东是用这首诗的最后一句，幽默地说到她的名字。这使她在这样一个轻松的话题中，把紧张激动的心情平静下来。[①]

那么，芦荻是怎么来到毛泽东身边的呢？

原来毛泽东自 1974 年春天开始，视力明显减弱了，看东西模糊不清。看文件、批文件，不得不由机要秘书代读，照他的意见代签文件。大夫为他诊看眼疾，诊断为"老年性白内障"。1975 年，毛泽东委托中共中央办公厅替他选择一位陪读古诗文的人。于是，中共中央办公厅主任汪东兴和副主任张耀祠着手物色人选。当然，既要讲，普通话要好，口齿清楚，况且，能在毛泽东身边陪读，古典文学的功底要好，能够跟毛泽东对话；再说，毛泽东的生活昼夜颠倒，陪读者年纪不可太大，怕身体吃不消，但也不能太年轻，怕学术功底太浅，以中年为最合适；还有，进入中南海，政治上当然要可靠……这些，也就成了遴选陪读者的条件。

遴选工作在悄然进行。

首先想到最合适的单位，自然是北京大学中文系。汪东兴、张耀祠委托当时的中共北京市委书记谢静宜，从大学中文系物色人选。没几天，谢静宜就送来北京大学中文系几位教师的档案。机要秘书张玉凤把这些档案一一念给毛泽东听。听罢，毛泽东说："就让芦荻来试试吧！"

芦荻是北大一位普通老师，并非学术界名流。毛泽东选中她，原因是：毛泽东读过中国青年出版社 1962 年出版的《历代文选》。这套书由中国人民大学语文系文学史教研室冯其庸、刘忆萱、芦荻、刘瑞莲、李永祜、吴秋滨选注。毛泽东很喜欢其中的《触龙说赵太后》(《战国策·赵策》)、《别赋》(江淹)、《滕王阁诗序》(王勃)。很巧，这几篇文章的选注者都是芦荻。大概当时毛泽东就记住了芦荻的名字。更巧的是，从 1970 年底起，芦荻从中国人民大学语文系调到北京大学中文系。这样，北大中文系报来的备选者之中，便有芦荻。毛泽东记起了《历代文选》，也就选中了芦荻。

这时，44 岁的芦荻本人对此毫无所知。在这种情况下，通过了几次暗

---

① 杨建业：《在毛主席身边读书——访北京大学中文系讲师芦荻》，《光明日报》1978 年 12 月 29 日。

中试讲。

5月26日晚上，看了一天的书，芦荻神情疲惫，正准备就寝，却听到敲门声。不速之客竟是谢静宜！

谢静宜要芦荻收拾衣服用具，马上一起出发。"夜里还要讲古文？"芦荻不解，但又不便问。

楼前，一辆轿车在恭候。上了车，谢静宜开口，说了一句让芦荻难以置信的话："我要带你去见毛主席！"

芦荻瞪大了眼睛，吓了一跳，说了声："什么？见毛主席？""你去给毛主席讲诗、词、歌、赋。"谢静宜说出了缘由。

芦荻几乎不相信自己的耳朵了；毛主席是全国人民的伟大领袖，他的中国古典文学造诣很深，怎么会要她去讲诗、词、歌、赋？

最使她纳闷的是，那"歌"讲些什么呢？中国古代并没有多少"歌"（歌行），怎么讲呢？……她如同进入幻境一般，只觉得车子像飞一样在前进。尽管身边坐着谢静宜，她又不便多问。

在谢静宜带领下，她来到毛泽东住处。当时，她好像做梦一样，一眼就看到在电视、电影中经常看见的熟悉的形象。不过，眼前的毛泽东，不像往常记者们所形容的那样"神采奕奕"，显得苍老，有点病态，但精神仍很不错。

对于芦荻的到来，毛泽东显得非常高兴。接着，便有了本文前面所引的那段谈话。

毛泽东要芦荻背诵的刘禹锡的《西塞山怀古》，是一首七言律诗。它是借古喻今的名作。西塞山，在今湖北省黄石市东，峻峭临江，形势险要，为三国时吴国西部要塞。怀古，凭吊古迹或追怀历史事件来抒发情感。

这首诗写晋伐吴事。大意是说，晋武帝时大举伐吴，派王濬率领水军乘大楼船从益州（今四川成都）沿江东下，吴国都金陵（今江苏南京）的王气便暗淡无光了。吴国用来阻拦晋军的铁索被烧毁，沉于江底，王濬水军直达吴国国都石头城（今江苏南京），吴国国君孙皓便出城投降了。人世屡经兴亡盛衰，而西塞山依然如旧。如今天下一统，江上的旧垒都已荒废无用，只有芦荻萧萧，发出悲凉的秋声。诗人刘禹锡通过缅怀历史，抒发他对国家兴亡的关注之情，指出割据分裂局面不能持久，统一是历史发展的必然趋势。

毛泽东非常喜欢这首诗，在不同版本中读到它时曾圈画过六次。在一本《注释唐诗三百首》中的这首诗标题上方天头处他连画了三个小圈，还在标题右侧画了一条竖线；又在正文开头处上方画了一个大圈。在一本《唐诗别裁集》中的这首诗标题前，他用红铅笔画了一个大圈。[①] 编者在诗后注释说："时梦得与元微之、韦楚客、白乐天各赋金陵怀古。梦得诗成，乐天览之曰：'四人探骊龙，子已获珠，余皆鳞爪矣。'遂罢唱。""梦得"是刘禹锡的字。毛泽东对这段注释逐字加了圈点断句。[②]

芦荻的姓名恰巧镶嵌在这首诗的末句中，因此毛泽东很快联想到这首他所熟悉的诗。

毛泽东指了指自己的右眼，说是患目疾，要请她代读中国古文。芦荻这才明白请她来此的用意，松了一口气。

芦荻一直站立在床前。毛泽东让她坐下来，跟她聊起了刘禹锡。他很喜欢刘禹锡的作品，尤其是那联名句："沉舟侧畔千帆过，病树前头万木春。"他会背刘禹锡的《陋室铭》《乌衣巷》《竹枝词》《杨柳枝词》等许多作品。

芦荻坐在一侧，很拘谨地静静听着。毛泽东的秘书、医护人员以及谢静宜，也一起听毛泽东谈话。

毛泽东兴致很高，海阔天空地聊着，从唐朝的刘禹锡，谈到三国时的阮籍，又忽地提及了北周文学家庾信，笑着对芦荻说："该轮到你讲了，就讲讲庾信的《枯树赋》吧。"

毛泽东冷不丁地点了一个题目，芦荻毫无准备。她凭自己的记忆，背诵起《枯树赋》，边背边讲解，毛泽东听得很有兴味。

接着又谈起了那位"江郎才尽"的"江郎"——江淹的《别赋》以及《触龙说赵太后》。

---

① 《毛泽东评点诗词曲精选》上册，中国档案出版社1998年版，第110页。

② 张贻玖：《毛泽东评点、圈阅的中国古典诗词》，中国工人出版社1992年版，第125页。

大约很久没有遇到这样可以谈论中国古典文学的对手了，毛泽东显得异常兴奋。他下了床，在屋里缓缓踱起步子来，一边踱，一边嘴里哼诗诵词。他缓步在宽大的房子里踱了三圈。这时芦荻望着他，突然产生老松静穆之感。

从夜里10时许，一口气谈到凌晨1点。大夫考虑到毛泽东正在病中，劝他早点休息。

毛泽东谈兴正浓，不肯中断谈话。又谈了两个小时，大夫下了"命令"，非要毛泽东休息不可。

这时，芦荻赶紧站了起来，向毛泽东告别。

毛泽东说："再见吧，我们认识了，以后慢慢谈。"就这样，芦荻结束了与毛泽东的第一次谈话。

2. "在同地球开战中要有此种气概"

1959年4月，国务院副总理李先念就吕泗洋发生风暴事故后的综合情况，给周恩来总理并邓小平副总理写了一个报告。报告说，自从吕泗洋发生风暴事故后，上海、浙江、江苏等省市委都采取了一系列措施，渔民情绪已逐渐稳定，生产情绪也有很大提高。预计到本月21日，出海渔船可占总船只的70%。目前急需修船补网，所需物资，各省市正根据国务院通知，由本省市拨出，就地解决。21日，周恩来将这一报告送毛泽东等传阅。毛泽东阅后，在报告写了如下批语：

> 退总理。唐人诗云：沉舟侧畔千帆过，病树前头万木春。再接再厉，视死如归，在同地球开战中要有此种气概。气象预报及收音机，要认真解决。

> 毛泽东
> 四月廿四日 ①

---

① 《建国以来毛泽东文稿》第八册，中央文献出版社1993年版，第217页。

毛泽东批语中的"唐人",即指刘禹锡。

所引的两句诗,出自《酬乐天扬州初逢席上见赠》。全诗为:

> 巴山楚水凄凉地,二十三年弃置身。
>
> 怀旧空吟闻笛赋,到乡翻似烂柯人。
>
> 沉舟侧畔千帆过,病树前头万木春。
>
> 今日听君歌一曲,暂凭杯酒长精神。

在一本《唐诗别裁集》中,毛泽东在诗人刘禹锡的名字上面,用红铅笔画着大的圈记,旁边用黑铅笔画着一条粗重的着重线。在《酬乐天扬州初逢席上见赠》一诗中,毛泽东用红铅笔画着圈;用黑铅笔在第一句前面画着圈,每句诗后作了圈点。其中"沉舟侧畔千帆过,病树前头万木春"两句诗旁,用红铅笔画有着重线。①

《酬乐天扬州初逢席上见赠》一诗,作于唐敬宗宝历二年(826)冬,刘禹锡罢和州刺史,被征还京,和白居易(乐天)在扬州(今江苏扬州)相遇。白有《醉赠刘二十八(禹锡)使君》七律一首云:"为我引杯添酒饮,与君把箸击盘歌。诗称国手徒为尔,命压人头不奈何。举眼风光长寂寞,满朝官职独蹉跎。亦知合被才名折,二十三年折太多。"

本篇就是答白诗之作。诗中作者首先慨叹自己长期谪居巴山楚水荒僻之地,不受重用,仕途坎坷,然后表达了对亡友的怀念,并以晋人王质自比,说自己结束外放,此番返京已有隔世之感。

"巴山楚水凄凉地,二十三年弃置身",首联叙事,写自己的坎坷经历。"二十三年",刘禹锡从唐宪宗永贞元年(805)贬连州刺史离京后,到宝历二年(826)冬,共历 22 个年头。预计回到京城时,已跨进第 23 个年头了。中间迁徙多次,曾在朗州住了九年多,在夔州住了两年多。朗州在战国时属楚地,夔州在秦汉时蜀巴郡。"巴山""楚水"概指这些贬谪的地方。

---

① 张贻玖:《毛泽东评点、圈阅中国古典诗词》,中国工人出版社 1992 年版,第 123—124 页。

"怀旧空吟闻笛赋，到乡翻似烂柯人"，颔联用典，写自己的生活感慨。"闻笛赋"，晋人向秀经过亡友嵇康、吕安的旧居，听见邻人吹笛，感慨悲叹，因而写一篇《思旧赋》。这是感叹朋友中有死去的。"烂柯人"，指王质。相传晋人王质进山打柴，看见两个童子下棋。他看棋看到终局，手里的斧头柄（柯）已朽烂了。下山回到村里，才知道过去了百年，同时的人都已过世（《述异记》）。作者以王质自比，说明被贬离京之久，感叹回京后可能和亲友都不相识了。

作者虽经多年坎坷，饱尝世态炎凉，重返故地发现人事已非，倍感惆怅。然而诗人并没有一味地消极悲叹，而是表现出了达观通脱、豪迈激越的气概："沉舟侧畔千帆过，病树前头万木春"，颈联议论，是答白居易赠诗中"举眼风光常寂寞，满朝官职独蹉跎"之语。作者用这两句诗答他，虽自比为"沉舟""病树"，但指出个人的沉滞算不了什么，世界还是要向前发展的，新陈代谢总是要继续下去的，和白诗相较，显出胸襟的差异。

《唐诗别裁集》的编者沈德潜在注解中写道："'沉舟'二语，见人事不齐，造化亦无如之何。悟得此旨，终身无不平之心矣。"毛泽东注意到这个注解。在"造化亦无如之何"下画有着重线，批注："此种解释是错误的。"[1]

为什么说这种解释是错误的呢？因为诗人虽然在诗中自比为"沉舟""病树"，但从全诗以及刘禹锡的世界观和人生态度来看，作者总体上认为历史仍然是要向前发展的，其中包含了刘禹锡本人积极进取的人生精神。编者把它理解为一种消极的、在命运面前无能为力的人生哲学，很难说不是脱离作者的唯物主义思想和政治上硬骨头精神的一种误解。所以，毛泽东不同意这种解释，并指出它是"错误的"。毛泽东1959年4月24日在前述报告上的批示中，引"沉舟"二语，也是注重它积极进取、一往无前的大无畏的"气概"。

"今日听君歌一曲，暂凭杯酒长精神"，尾联抒情，是答白诗首联"为

---

① 张贻玖：《毛泽东评点、圈阅中国古典诗词》，中国工人出版社1992年版，第123—124页。

我引杯添酒饮，与君把箸击盘歌"。"长精神"，有抖擞自振之意。

3. 写在《参考资料》上的刘禹锡的一首诗

1958年11月，新华社编印的《参考资料》第2504期送到了毛泽东手上。这类内容简报资料，是他了解国内外信息的主要渠道。他平常的一些指示，就是读了这些材料后在上面写的批语。

这期《参考资料》中，以《美官员竭力诬蔑我人民公社运动，但承认其意义重大影响深远，并说南十分注意这一发展》为题，刊载了合众国际社的电讯。合众国际社这则电讯的意思是，中国的安危存亡，系于"大跃进"和人民公社化运动的成败，但它的结论是明确的，这是"冒险的计划"，而且使"反革命基础聚集起来"，很有点幸灾乐祸的味道。

毛泽东在上述几段文字下面画了横线，或作有着重号，并在这篇电讯的天头和旁边抄录了唐代诗人刘禹锡的诗《赠李司空妓》：

> 高髻危冠宫样装，春风一曲杜韦娘。
> 司空见惯浑闲事，断尽苏州刺史肠。①

据唐人孟棨《本事诗·情感》载："刘尚书禹锡罢和州……李司空罢镇在京，慕刘名，尝邀至第中，厚设饮馔。酒酣，命妙妓歌以送之。刘于席上赋诗曰：（略）李以赠之。"

这是一首赠给李绅的七言绝句。诗中赞扬了李绅艺妓的美妙歌声和潇洒的风采，流露了无限深情。李司空，即李绅。李绅武宗时拜相，出为淮南节度使。司空，官名，汉改御史大夫为大司空，与大司马、大司徒并列为三公，后去大字为司空。诗题一作《禹锡赴吴台》。

"高髻危冠宫样装，春风一曲杜韦娘。"首句刘禹锡原诗为"高髻云鬟宫样妆"写歌妓的发型，用"宫样妆"形容，给人以奇特之感。次句写歌

---

① 《建国以来毛泽东文稿》第七册，中央文献出版社1992年版，第601—602页。

妓的演唱。杜韦娘，本唐歌女名，用为曲名。唱杜韦娘曲，也极不普通。"司空见惯浑闲事，断尽苏州刺史肠。"这两句是说，让这样打扮的人唱这种歌曲来侑酒，对你这位司空大人来说是平常的事，但已使我这个苏州刺史悲伤得肠要断尽了。苏州刺史，作者自谓。后代人摘取诗中"司空见惯"四字，来比喻对某种事情习惯了就不以为奇的意思，现在成了人们常用的一个成语。

毛泽东引此诗来评合众国际社的电讯，举重若轻地作了回答——我们搞的旨在推进经济发展的"大跃进"和人民公社化运动，本是"司空见惯"的平常事，却让别有用心的人痛断肝肠。

这个意思，毛泽东不久便明确地说了出来。新华社编印的《参考资料》，在 1958 年 11 月 14 日的第 2513 期上，刊载了美国国务卿杜勒斯在西雅图商会发表的一篇演说，其中对中国的集体劳动和公社化进行了直接的攻击。在 11 月 28 日于武昌召开中共中央八届六中全会前夕，毛泽东找来杜勒斯的这篇演说，在各段内容前重拟了几个标题，其中便有："杜勒斯批评我国的人民公社"，"表示他对我国大跃进感到恐慌"。然后指示，把这份演说印发中央全会的与会者。

12 月 9 日，毛泽东在中央全会的讲话中，讲到我国前途有"两种可能性"：公共食堂、托儿所、人民公社，巩固和垮台两种可能都有，垮台是部分的和暂时的。党的巩固和分裂，都可能，小分裂是必然的，几乎每天都有，无此不能发展。大分裂也有可能。大、中分裂都是暂时的。人民共和国，或者胜利，或者灭亡，如果有灭亡的情况出现，它只是暂时的，而世界上资产阶级的灭亡，则是永久的。[①]

这是毛泽东留下文字的讲话提纲里的话，可见他对这个问题是多么重视。在这段文字的结束处，毛泽东又引用了被他视为有唯物主义思想的诗人刘禹锡的两句诗："沉舟侧畔千帆过，病树前头万木春。"

对现实有忧虑，但更自信。这是毛泽东当时心态的基调。

---

① 陈晋：《毛泽东之魂》，吉林人民出版社 1993 年版，第 199 页。

4. "还是刘禹锡说得好呵"

1975 年 8 月，毛泽东和"四人帮"的狗头军师张春桥一次谈话时，提到唐朝刘禹锡的一些诗。

"喜欢读诗吗？"毛泽东问。

张春桥笑了笑："偶尔也读点，但经常读的是主席的，公开发表的大多都会背了。"说着背了几首。

"会背《西塞山怀古》吗？刘禹锡的。""看过，背不下来。"

毛泽东用手击着床帮子，铿锵有力地吟诵起来：

> 王濬楼船下益州，金陵王气黯然收。
> 千寻铁锁沉江底，一片降幡出石头。
> 人世几回伤往事，山形依旧枕寒流。
> 今逢四海为家日，故垒萧萧芦荻秋。

"主席的记性真好！"

毛泽东深思地说："中唐的刘禹锡，是个唯物主义者，忧国忧民，立志革新，最后失败被贬为朗州司马。中国这片土地，人事沧桑变迁，唯有事业永留。他遭贬后过上了流浪生活，还写了'沉舟侧畔千帆过，病树前头万木春。今日听君歌一曲，暂凭杯酒长精神'的诗句，你们行吗？"

张春桥低头不语。

毛泽东长叹一口气，挥起手无力地晃动了一下，说："'文化大革命'可能要失败，你们要准备被人请上断头台。还是刘禹锡说得好呵：

> 天下英雄气，千秋尚凛然。
> 势分三足鼎，业复五铢钱。
> 得相能开国，生儿不象贤。
> 凄凉蜀故妓，来舞魏宫前。

不知你们有何感想，让文元写篇文章，怎么样？"①

毛泽东谈话中所引刘禹锡的前两首诗《西塞山怀古》和《酬乐天扬州初逢席上见赠》，前面已经欣赏过。最后一首题作《蜀先主庙》。

这首诗是刘禹锡任夔州（今重庆奉节东）刺史时所作。夔州有蜀汉先主刘备庙。这是首咏史诗，即借吟咏历史人物和历史事件而抒发情怀的诗。毛泽东在清蘅塘退士原编《注释唐诗三百首》中读到这首诗时，先在标题上方天头空白处连画三个小圈，又在正文上方天头空白处批注道："略好。"②

这是一首五言律诗。

"天下英雄气，千秋尚凛然"，首联赞叹先主刘备的英雄气概万古长存。"天下英雄"，曹操曾对刘备说，当时"天下英雄"只有两个，一个是刘备，一个是自己（《三国志·蜀志·先主传》）。这里作者用曹操的话称颂刘备，并点明"先主庙"。"凛然"，肃然，形容引起别人尊敬的气概。

"势分三足鼎，业复五铢钱"，颔联概括刘备一生的事业。刘备出身寒门，在汉末的乱世之中，结交英雄，广揽贤才，南征北战，终于和曹操、孙权三分天下，成"鼎足"之势，建立蜀汉政权。"五铢钱"是用典：汉武帝元狩五年（前118）铸的一种货币叫五铢钱，王莽篡汉时将这种钱废除了，东汉初，光武帝刘秀又恢复了这种钱币，这里诗人借五铢钱比喻刘备复汉。

颈联是为刘备建立的蜀汉政权未能统一中国而叹惜。"得相能开国"，指刘备三顾茅庐，请出了诸葛亮，在诸葛亮的辅佐下，建立了蜀国。"生儿不象贤"是说，刘备的儿子刘禅不能学习父亲的贤德，愚昧暗弱，亲近小人，致使刘备开创的基业被他葬送掉。"象贤"，效法先人的贤才。此联中，诗人用对比的手法，总结出一条历史教训：创业难，守成更难。

"凄凉蜀故妓，来舞魏宫前"，尾联是感叹后主刘禅的亡国。刘禅降

① 师东兵：《决定中国命运的二十八天——粉碎"四人帮"集团纪实》，河南人民出版社1993年版，第368—369页。

② 《毛泽东评点诗词曲精选》上册，中国档案出版社1998年版，第92页。

八、『诗豪』刘禹锡及其他中唐诗人

魏后，被迫离开蜀地，迁到洛阳，封为安乐县公。但他仍不思恢复，不知耻辱。司马昭"为之作故蜀技，旁人皆为之感怆，而禅喜笑自若"。真是到了乐不思蜀的地步。尾联渗透着诗人对刘备大业被不肖子断送的无限伤悼之情。

全诗从结构上来看，前四句写盛德，后四句写衰业。通过鲜明的对比，造成强烈的艺术反差，让人们清楚地看出古今兴亡的深刻教训。刘禹锡是王叔文革新集团的骨干力量，面对唐王朝江河日下的现实，他的兴亡之感是深刻的。

毛泽东是借这首诗批评"四人帮"不能继承革命事业，但张春桥作为"四人帮"的重要成员，他们的罪恶目的是"篡党夺权"，自然另当别论。

5."问姓惊初见，称名忆旧容"

1949 年 3 月 23 日，毛泽东在由西柏坡向北平进发的途中，问韩桂馨："明日就到保定了，你和银桥都是安平县人，离保定近些，你们在保定有什么亲人么？"

韩桂馨说："听说我二姐和姐夫都随部队到了保定，还有我的几个同学也跟着孙毅将军打进了保定城。"

"不错么！"毛泽东高兴地说，"你们是革命的一家人呢！晓得他们住在哪里吗？进了保定城可以去看一看他们么！"

韩桂馨笑着说："我倒是想去呢！可一时又不知道谁住在什么地方。再说了，保定也是才刚解放几个月，咱们在保定也只能停一下，以后再想办法同他们联系吧！"

毛泽东很感慨地说："是么！我记得两首唐诗，很能表达你现在的这种心境。"他略沉思一下，以低沉的语气吟道："一首是杜甫的《月夜忆舍弟》：'戍鼓断人行，边秋一雁声。露从今夜白，月是故乡明。有弟皆分散，无家问死生。寄书长不达，况乃未休兵。'……还有一首是李益的《喜见外弟又言别》：'十年离乱后，长大一相逢。问姓惊初见，称名忆旧容。别来沧海事，语罢暮天钟。明日巴陵道，秋山又几重。'诗里讲的是李益见到他的表弟后，第二天又要分别时的心情。"①

毛泽东所说的李益（748—827），字君虞，姑臧（今甘肃武威）人。代宗大历四年（769）进士，初因仕途不顺，弃官游燕赵间。曾任郑县尉，又为幽州节度使刘济从事。唐宪宗闻其诗名，任为秘书少监，集贤殿学士。文宗时以礼部尚书致仕。卒。其诗音律和美，为当时乐工所传唱。长于七绝，以写边塞诗知名，主要抒写士兵久战思归的怨望心情，情调偏于感伤，反映出当时军事形势的变化。有《李君虞诗集》。

《喜见外弟又言别》是李益的名作。它写诗人同表弟（外弟）久别重逢又匆匆话别的情景。"外弟"，姑母的儿子。

这也是一首五言律诗。"十年离乱后，长大一相逢"，首联写二人相逢的背景。由于动乱，虽系至亲，十年才得一见。幼时已分手，"长大"才会面，这意味着双方容貌都发生了很大变化。

"问姓惊初见，称名忆旧容"，颔联写久别初见，仿佛已不相识，互道姓名以后，才追忆起旧时的容颜，极富戏剧色彩。

"别来沧海事，语罢暮天钟"，颈联写两人各叙别来离乱情事，直到日暮佛寺敲钟的时分。"沧海事"，《神仙传·麻姑》："麻姑自说云，接待以来，已见东海三为桑田。"用沧海桑田的典故，指世事变化很大。

"明日巴陵道，秋山又几重"，尾联写又别：明天表弟又要踏上通往巴陵（今湖南岳阳）的道路，秋天的山色又要暗几重。后会难期，惆怅的心情，溢于言表。

这首诗是写思念亲友的。由于动乱，不期而遇而又匆匆话别，思乡怀亲之情有增无减，十分深厚。韩桂馨和他的亲友，亦因战争年代，天各一方，多年不能相见，想见之情，出之必然。所以，毛泽东说这两首"很能表达"她"现在的这种心境"。

① 邸延生：《历史的真言——李银桥在毛泽东身边工作纪实》，新华出版社2000年版，第351—352页。

八、「诗豪」刘禹锡及其他中唐诗人

九、喜读杜牧的咏史诗

（一）喜读杜牧的咏史诗

杜牧（803—约852），字牧之，号樊川居士，汉族，京兆万年（今陕西西安）人，唐诗人。杜牧人称"小杜"，以别于杜甫。与李商隐并称"小李杜"。因晚年居长安南樊川别墅，故后世称"杜樊川"。

杜牧是宰相杜佑之孙，杜从郁之子，唐文宗大和二年（828）进士，授宏文馆校书郎。后赴江西观察使幕，转淮南节度使幕，又入观察使幕。史馆修撰，膳部、比部、司功员外郎，黄州、池州、睦州刺史等职，官至中书舍人。晚唐杰出诗人，尤以七言绝句著称。擅长文赋，其《阿房宫赋》为后世传诵。杜牧有抱负，好言兵，以济世之才自诩，写下了不少军事论文，还曾注释《孙子》。有《樊川文集》二十卷传世，为其外甥裴延翰所编，其中诗四卷。又有宋人补编的《樊川外集》和《樊川别集》各一卷。《全唐诗》收杜牧诗八卷。

晚唐诗多柔靡，牧之以峻峭矫之。七绝尤有逸韵远神，晚唐诸家独步。工行、草书。《旧唐书》卷百四十七、《新唐书》卷百六十六皆有传。

杜牧的各体诗歌中，七绝写得最好。他的七绝不论是咏史，咏物，还是抒情议论，都词语清丽，画面生动鲜明，风调悠扬婉转，表现出俊秀多才的风格，并在华丽雅致的意境之中，寄托自己深远的情思，表现自己细腻的感情。韵律和谐优美，俊秀华丽而不觉缚靡，在晚唐诗坛上有着重要的地位。七绝写得好的有很多，咏史的就有《过华清宫绝句三首》《泊秦淮》《赤壁》《泊秦淮》《题桃花夫人庙》《题乌江亭》《金谷园》《题青云馆》

《寄扬州韩绰判官》《寄题甘露寺北轩》《边上闻笳三首》等；写景的有《江南春绝句》《山行》《清明》《登乐游原》等；他还有另外一些七绝，或抒发个人潦倒失意的感伤情调，或写自己征歌狎妓的生活，或反映妇女悲惨的命运。这些诗写得凄恻旖旎，别具匠心，表现出另外一种风格。如《秋夕》《赠别二首》《遣怀》《九日齐山登高》等，毛泽东都手书或圈点过。

如《赤壁》："折戟沉沙铁未销，自将磨洗认前朝。东风不与周郎便，铜雀春深锁二乔。"诗人一改传统的"周郎妙计安天下"的格调，阐述自己对这段历史的认识，发人之未发。

又如《题乌江亭》："胜败兵家事不期，包羞忍耻是男儿。江东子弟多才俊，卷土重来未可知。"

清吴景旭《历代诗话》卷五十二庚集七"二乔"条云："余以（杜）牧之数诗，俱用翻案法。跌入一层，正意益醒，谢叠山所谓死中求活也。《渔隐丛话》云：'牧之题咏好异于人，如《赤壁》《四皓》，皆反说其事。至题乌江，则好异而叛于理。项氏以八千渡江，无一还者，谁肯复附之，其不能卷土重来决矣！'呜呼，此其深于诗者哉？"毛泽东读后批注道："此说亦迂。"

《苕溪渔隐丛》的作者胡仔认为，项羽在家乡招募了八千人都战死了，他如果再回去招募，没有人肯跟他重新来打天下是肯定的。毛泽东认为这种说法很迂腐。

为什么这样说呢？这从毛泽东的一次讲话可以得到解答。1938年4月8日，毛泽东在延安抗大的演讲中谈到项羽：项羽是有名的英雄，他在没有办法的时候自杀，比汪精卫、张国焘强得多。从前有个人作了一首诗，问他为什么要自杀，可以到江东去再招八千兵来打天下。我们要学习项羽的英雄气概，但不要自杀，要干到底。（陈晋：《毛泽东的文化性格》）可见，毛泽东还是比较同意杜牧的意见的：为什么要自杀？说不定还可以卷土重来嘛！吴景旭和胡仔却认为：项羽即使不自杀回到江东去招募新兵，也不会有人再归附他了。这既不符合诗作原意，又把两种可能说成一种可能，所以说太迂腐了。

他的咏史诗，把有寓意的思想融化在对具体的历史事件的评论之中，诗的形象圆满，对历史兴衰和成败的关键的评论，不是吟悲吊古，而是借古喻今，使人从历史的事实中吸取教训，有一种豪迈的气息。

再如《泊秦淮》：

> 烟笼寒水月笼沙，夜泊秦淮近酒家。
> 商女不知亡国恨，隔江犹唱后庭花。

秦淮，即秦淮河，发源于江苏溧水东北，横贯金陵（今江苏南京）入长江。六朝至唐代，金陵秦淮河一带一直是权贵富豪游宴取乐之地。这首诗是诗人夜泊秦淮时触景感怀之作，于六代兴亡之地的感叹中，寓含忧念现世之情怀。

首句写景，"烟""水""月""沙"由两个"笼"字联系起来，融合成一幅朦胧冷清的水色夜景；次句叙事，点明夜泊地点；三、四句感怀，由"近酒家"引出商女之歌，酒家多有歌，自然洒脱；由歌曲之靡靡，牵出"不知亡国恨"，抨击豪绅权贵沉溺于声色，含蓄深沉；由"亡国恨"推出"后庭花"的曲调。《后庭花》，即《玉树后庭花》，据说是南朝陈后主所作的乐曲，被后人称为"亡国之音"。"隔江"承上一句"亡国恨"故事而来，指当年隋兵陈师江北，一江之隔的南朝小朝廷危在旦夕，而陈后主依然沉湎在歌声女色之中，终于被俘亡国。借陈后主之诗，鞭笞权贵的荒淫，深刻犀利。

写景类的绝句，毛泽东也很喜爱。如他曾手书过的《清明》：

> 清明时节雨纷纷，路上行人欲断魂。
> 借问酒家何处有？牧童遥指杏花村。

诗的一、二句写清明节令的气候，正是三分晴日七分雨，春雨贵如油，天地复苏，万物勃发，四野青翠，是人们踏青扫墓的时节。路上行人接踵，有扫墓去的，有扫墓回的，祭奠亡者，又满目青山，秀丽河川，难得的与大自然的亲近。

后二句是写路人相问，牧童挥鞭遥指，杏林深处，酒幡飘舞，似有酒香袭来，人若微醉。

这首诗清新，明快，通俗，朗口，为描述清明节的千古绝唱。

他还手书过诗人的另一首七绝《山行》：

> 远上寒山石径斜，白云生处有人家。
> 停车坐爱枫林晚，霜叶红于二月花。

这首诗，看来是从长途旅行图中截取的"山行"片断。第三句的"晚"字透露出诗人已经赶了一天路，该找个"人家"休息了。如今正"远上寒山"，在倾斜的石径上行进。顺着石径向高处远远望去，忽见"白云生处有人家"，不仅风光很美，而且赶到那里，就可以歇脚了。第二句将"停车"提前，产生了引人入胜的效应。天色已"晚"，"人家"尚远，为什么突然"停车"？原来他发现路边有一片"枫林"，由于"爱"那片夕阳斜照下的"枫林"，因而"停车"观赏。"停车"突出"爱"字，"爱"字引出结句："霜叶红于二月花"。"坐"者，因也。诗人满心欢喜地赞美枫叶"红于二月花"，不仅写景如画，而且表现了诗人豪爽乐观的精神风貌。

毛泽东还手书过杜牧的两首抒情绝句《遣怀》和《寄扬州韩绰判官》。我们先看前者：

> 落魄江湖载酒行，楚腰纤细掌中轻。
> 十年一觉扬州梦，赢得青楼薄幸名。

这是作者回忆昔日的放荡生涯，悔恨沉沦的诗。首句追叙扬州生活：寄人篱下。二句写放浪形骸，沉湎于酒色。以"楚王好细腰"和"赵飞燕体轻能为掌上舞"两个典故，形容扬州妓女之多之美和作者沉沦之深。三句写留恋美色太久，十年冶游，于今方才省悟。四句写觉醒后的感伤，一生声名丧失殆尽，仅存青楼薄幸之名。自嘲自责，抑郁诙谐。

再看《寄扬州韩绰判官》：

青山隐隐水迢迢，秋尽江南草未凋。

二十四桥明月夜，玉人何处教吹箫？

杜牧于大和七年至九年（833—835）曾在淮南节度使牛僧孺幕中做推官，后来转为掌书记。这首诗当作于他离开江南以后。

首句从大处落墨，画出远景：青山逶迤，隐于天际，绿水如带，迢递不断。次句说此时虽然时令已过了深秋，江南的草木却还未凋落，风光依旧旖旎秀媚。不但画出了山清水秀、绰约多姿的江南风貌，也写出了诗人眷恋江南的青山绿水，怀念远在热闹繁华之乡的故人。

三四句是说在月光笼罩的二十四桥上，月光下吹箫的美人，正在受玉人指教。二十四桥，一说扬州城里原有二十四座桥，一说即吴家砖桥，因古时有二十四位美人吹箫于桥上而得名。"玉人"，既可借以形容美丽洁白的女子，又可比喻风流俊美的才郎。从寄赠诗的作法及末句中的"教"字来看，此处玉人当指韩绰。元稹《莺莺传》"疑是玉人来"句可证中晚唐有以玉人喻才子的用法。诗人本是问候友人近况，却故意用玩笑的口吻与韩绰调侃，问他当此秋尽之时，每夜在何处教妓女歌吹取乐。这样优美的境界早已远远超出了与朋友调笑的本意，它所唤起的联想不是风流才子的放荡生活，而是对江南风光的无限向往：秋尽之后尚且如此美丽，当其春意方浓之时又将如何迷人呢？留给读者去思考。

（二）杜牧诗名篇欣赏

1. "尘世难逢开口笑"是"人生的哲学"

1929 年 10 月 10 日，毛泽东来到福建省上杭县的临江楼住下。11 日，正是农历重阳佳节。毛泽东教贺子珍读诗，特地选了唐代诗人杜牧的《九日齐山登高》：

江涵秋影雁初飞，与客携壶上翠微。

尘世难逢开口笑，菊花须插满头归。

但将酩酊酬佳节，不用登临恨落晖。

古往今来只如此，牛山何必独沾衣。

　　贺子珍听了毛泽东对诗的大略解释之后，说对"尘世难逢开口笑"一句似懂非懂，毛泽东又解释说："尘世难逢开口笑"，意思是人生的哲学，斗争的哲学，阶级斗争、革命斗争……①

　　农历九月九日重阳节，是我国的一个传统节日。三国魏曹丕《九日与钟繇书》："岁往月来，忽复九月九日。九为阳数，而日月并应，俗嘉其名，以为宜于长久，故以享宴高会。"在这个节日里，秋高气爽，菊花盛开，气候宜人，景物鲜妍，古人往往结伴登高，饮酒览胜。骚人墨客，吟诗作赋，咏赏不绝。这首《九日齐山登高》，是杜牧在唐武宗会昌五年（845）任池州刺史时所作。"齐山"，在今安徽省贵池县。

　　这是一首七言律诗。

　　"江涵秋影雁初飞，与客携壶上翠微"，首联写诗人与客人登上齐山翠微亭，俯视溪中鸿雁南飞和齐山的倒影。池州在长江南岸，山川秀美，境内九华山和齐山是江南名胜之地。据《九华山录》："池州齐山，山脚插入清溪，石色清苍可画，洞穴半出水中，清溪直接大江，眼界豁然。又其旁，拔起数峰，奇甚，谓之小九华，皆齐山最胜处也。又其上，即翠微亭，是为山巅。杜牧云，'江涵秋影雁初飞'，此地此时也。""翠微"，即翠微亭，在齐山九顶洞南隅，它是诗人携壶登临的地方。与杜牧携壶登临的是晚唐著名诗人张祜。张祜被元稹排挤，遂至淮南，爱丹阳曲河地，隐居以终，也是一个怀才不遇的人。

　　"尘世难逢开口笑，菊花须插满头归。但将酩酊酬佳节，不用登临恨落晖。"中间颔、颈两联，夹叙夹议，写出了诗人登上绝顶的矛盾心情。杜牧生当晚唐多事之秋，他有建功立业、经邦济世的抱负和忧国忧民的情

<hr />

　　① 舒龙、凌步机：《岁岁重阳》，海南出版社1993年版，第39页。

怀，却不被重用而出牧池州，使他想起了庄子的话："人上寿百岁，中寿八十，下寿六十，除病瘦、死丧、忧患，其中开口而笑者，一月之中，不过四五日而已矣"，唱出了"尘世难逢开口笑"的旷达之音，顿时觉得值此一年一度的重阳佳节，应以菊花插满头的放浪习俗、酩酊大醉的忘忧之举，驱散积压在心头的郁结，无须在节日登临时为夕阳西下而怨恨。当时诗人年仅 43 岁，正值中年，应是来日方长，岂能"人到中年万事休"而自暴自弃？

"古往今来只如此，牛山何必独沾衣"，尾联抒发诗人内心的不平和感慨。古人登高，看到山川秀美，云烟满眼，往往触景生情，感叹不已，何必像齐景公登牛山那样痛哭流涕呢！《列子·为命》云："齐景公游于牛山，北临其国城而流涕曰：'美哉国乎，郁郁芊芊，若何滴滴去此国而死乎？'"景公之在牛山，是因为感于自己一旦离开人世，美好的江山能否永保。杜牧这次登高，表面看去，心情坦荡，把自己的怀才不遇置之度外，但通过表面的超然物外，委婉曲折地表达了他内心的不平和感慨。

杜牧才思敏捷，又好标新立异，他把容易勾起人生易老、世事沦丧的登高诗，写成这种含蓄蕴藉、朗朗上口的喜人之作，表现了他的卓越才能。

毛泽东在教贺子珍学这首诗时，把"尘世难逢开口笑"，解释为人生的哲学，斗争的哲学，阶级斗争、革命斗争，可谓化腐朽为神奇。因此话来自庄子，庄子是说人生心情舒畅，开口大笑的时候很少，要及时抓住这样的机遇不放，偏于消极。而毛泽东则赋予全新的解释。"尘世"即人世。人世有两解，一指人生，一指人类社会。所以杜牧的这句诗可以解为人生的哲学。在马克思主义者看来，人生哲学就是斗争的哲学，而在阶级社会中，也就是阶级斗争及其最高形式——革命斗争了。

毛泽东 1964 年春在《贺新郎·读史》中写道："人世难逢开口笑，上疆场彼此弯弓月。流遍了，郊原血。"不仅将杜牧"尘世难逢开口笑"点化入词，而且指出人类过去的历史充满了各种苦难和战争。时隔 35 年，毛泽东对杜牧的这句话的诠释与运用，完全一致，互相阐发，也可以看出他对杜牧这首诗的喜爱。

2. "真是'折戟沉沙'呀！"

1971年9月13日，林彪乘三叉戟飞机叛逃，摔死在蒙古人民共和国的温都尔汗。

10月20日晚，周恩来、叶剑英、姬鹏飞、熊向晖、章文晋等到毛泽东住处，汇报将于10月下旬接待公开访华的美国国务卿基辛格的方案。

毛泽东见到熊向晖，就笑着问："那个'副统帅'呢？那个'参谋总长'哪里去了？"熊向晖也笑着说："主席问我的时候，我确实不知道呀！"

毛泽东打趣地说："现在知道了吧？"熊向晖说："现在当然知道了。"

毛泽东幽默地说："你什么也没嗅出来，是不是伤风了，感冒了？"他又连连地说："我的'亲密战友'啊！多'亲密'啊！……'折戟沉沙铁未销，自将磨洗认前朝。东风不与周郎便，铜雀春深锁二乔。'三叉戟飞机摔在外蒙古，真是'折戟沉沙'呀！"[①]

1971年11月3日上午，毛泽东在中南海丰泽园游泳，他接见女儿李讷和许志明。据许志明回忆，毛泽东在和他们散步时谈到林彪。

毛泽东步履稳健，边走边说："有人请示，我打不打？怎么好打呀！说是我的接班人，最最亲密的战友，怎么好打呀！打下来，让我怎么向全国人民交代，怎么向全党交代呀！

稍停了一会，他老人家又吮吮下唇，说：

> 折戟沉沙铁未销，自将磨洗认前朝。
>
> 东风不与周郎便，铜雀春深锁二乔。

毛泽东蔑视地挥动了一下手臂说道："三叉戟飞机摔在外蒙古，真是折戟沉沙呀！"[②]

毛泽东以上两次谈话中所引的四句诗，是唐代诗人杜牧的一首七绝

---

① 熊向晖：《历史的注脚——回忆毛泽东、周恩来及四老帅》，中共中央党校出版社1995年版，第37页。

② 《在毛泽东身边》，山西人民出版社1993年版，第255页。

《赤壁》。此诗一作李商隐诗。"赤壁",赤壁山,在今湖北省赤壁市西北,地处长江南岸,耸立江边,山岩呈赭(zhě)红色,故称赤壁。相传是三国吴蜀联军火烧赤壁大败魏军之处。

"折戟沉沙铁未销,自将磨洗认前朝",前两句叙事,借一件古物来兴起对前朝人物和事迹的述说。"戟",古代兵器,上杆顶端有锐利枪尖,旁有月牙形利刃,能直刺横击。"销",毁坏。"将",拿起。二句是说,在水底沉沙中发现一支折断的戟,还没有锈蚀坏,拿起来经过一番磨洗,认定它是 600 年前赤壁之战的遗物。

"东风不与周郎便,铜雀春深锁二乔",后两句议论:倘若不是东风给周郎方便,那么东吴将被曹操所灭,二乔也将被掳去而藏在铜雀台中了。"周郎",三国时吴国大将周瑜,赤壁之战中孙吴联军总指挥,时年 24 岁,故称周郎。赤壁之战,汉献帝建安十三年(208),曹操攻灭荆州刘表父子之后,乘胜顺江东下攻吴,北方士兵不习水战,于是将战船用铁链联结在一起。孙刘联军采用火攻,恰值东南风起,火势猛烈,曹操战船被烧毁,曹军大败。上句强调了东风在赤壁之战火攻中的作用;后句则从反面着笔,意谓如果不是东风给周瑜方便,东吴败,曹操胜,胜败就会相反。如果战争的结果是这样,那么东吴的两个美女就成了曹操的战利品了。"铜雀",台名,建安十五年(210),曹操建于邺城(今河北临漳西),以楼顶铸有铜雀而得名。"二乔",即大桥、小桥姐妹,乔玄之女。分别嫁孙策和周瑜。"桥",后人讹为"乔",称为"二乔"。

这是一首咏史诗。诗人把周瑜在赤壁之战中的巨大胜利,完全归于偶然的东风。他之所以这样写,其用意在于自负知兵,借史事来吐其胸中抑郁不平之气罢了。

毛泽东谈到林彪乘三叉戟飞机叛逃,摔死在蒙古人民共和国温都尔汗沙漠中,因而和杜牧《赤壁》诗中"折戟沉沙"发生联想。"真是'折戟沉沙'呀!"意谓林彪叛逃摔死是罪有应得,死有余辜。

十、圈阅最多的诗人罗隐及其他晚唐诗人

（一）罗隐及其他晚唐诗人

杜牧之外，晚唐还有一位重要诗人罗隐。

罗隐（833—910），字昭谏，号江东生，余杭新城（今浙江富阳新登）人。晚唐著名诗人。本名横，以其十举进士不第，愤而改名为隐。曾祖和祖父都任过福州福堂县令，父亲任过贵池尉。罗隐27岁就在贡籍，谁知十次应试，却十次落第。除家乡浙江外，他还到过陕西、河南、山西、江西、湖北、湖南、四川、安徽、江苏等地，但都"龃龉不合"（《十国春秋·罗隐传》）。直到55岁那年，即唐僖宗光启年间，奔波了大半生的罗隐，回到了钱塘，投奔杭州刺史钱镠，后钱镠升任镇海军节度使，迁节度判官、给事中等职。罗隐自幼聪敏，才高气傲；既不得志，诗作便以讽刺为主。与宗人罗虬、罗邺并称"江东三罗"。诗风近于元稹、白居易，雄丽坦直，通俗俊爽。有《甲乙集》《罗昭谏集》。

罗隐的这两种集子，毛泽东的藏书里都有珍藏。对罗隐的许多首诗，毛泽东都画着浓圈密点，粗略统计约有91首[1]，是唐代诗人中毛泽东圈阅诗作最多的诗人。

罗隐诗文俱佳，鲁迅称他的小品文，"几乎全部是抗争和愤激之谈"（《小品文的危机》）。

---

[1] 张贻玖：《毛泽东评点、圈阅的中国古典诗词》，中国工人出版社1992年版，第157页。

　　毛泽东对于罗隐的不幸遭遇，给以深切的同情。罗隐素有"江东才子"之称，为什么总是所至不遇呢？究其原因，晚唐时期的用人制度已极腐败，科场被权贵把持，营私舞弊，任人唯亲；至于那些割据一方的藩镇，骄奢腐败，更无用人之心。再加上他写作《谗书》讥讽时政，得罪了权贵，所以考了十次都没有考取进士。元人辛文房撰《唐才子传》说："隐恃才忽睨，众颇憎忌。自以当得大用，而一第落落，传食诸侯，因人成事，深怨唐室。"这说明了他的为人和遭遇，也揭示了他不满现实的原因。

　　《唐才子传》还记载了这样一个故事："隐初贫来赴举，过钟陵，见营妓云英才思。后一纪，下第过之。英曰：'罗秀才尚未脱白？'隐赠诗云：'钟陵醉别十余春，重见云英掌上身。我未成名英未嫁，可能俱是不如人。'"毛泽东读上海涵芬楼据宋刊本影印《甲乙集》卷八载这首诗时，除了圈点之外，还批注道："十上不中第。"① 此诗题作《偶题》，又作《嘲钟陵妓云英》，又作《赠妓云英》。在《罗昭谏集》中，毛泽东对此诗的后两句字字都画了密圈。罗隐的这首诗，名为嘲笑妓女云英，实则是和这位可怜的女性同病相怜。"我未成名君未嫁，可能俱是不如人"，唱出了诗人郁积已久的牢骚和不平。毛泽东的这些圈画和批注，表达了他对罗隐生平遭际的深切同情。

　　毛泽东圈阅比较多的是罗隐的咏史诗。所谓咏史诗，是以历史人物或历史事件为题材的诗。它或歌颂某一历史人物、某一历史事件，或泛咏历史人物、历史事件。此类诗是诗人借歌咏历史来抒发个人情怀，绝少单纯咏史。罗隐的诗往往通过咏史的手段来讽刺现实，鞭挞黑暗。例如缅怀古代名相诸葛亮《筹笔驿》，毛泽东在这首诗的标题前画着三个大圈，每句末都画着圈，在第一句旁画着曲线，从第三句起，一路密圈到底。他还手书过此诗全诗，又手书过"时来天地皆同力，运去英雄不自由"二句。筹笔驿，旧址在今四川广元北，今名朝天驿。相传三国时诸葛亮出师北伐，曾驻此筹划军事因而得名。这首诗对诸葛亮表达崇敬和惋惜之情，也流露出对当权者不爱惜人才的不满。

---

① 《毛泽东读文史古籍批语集》，中央文献出版社1993年版，第17页。

唐人李延寿撰《南史·梁高祖本纪》："论曰：'梁武帝时逢昏虐，家逢冤祸。既地居势胜，乘机而作，以斯文德，有此武功，始用汤武之师，终济唐虞之业。其曰人谋，亦惟天命。……而帝留心俎豆，忘情干戚，溺于释教，弛于刑典。继而帝纪不立，悖逆萌生，反噬弯弧，皆自子弟。履霜弗戒，卒至乱亡。自古拨乱之君，固已多矣，其或树置失所，而以后嗣失之，未有自己而得，自己而丧。……'"毛泽东读后，批注道："时来天地皆同力，运去英雄不自由。"①

　　梁武帝（464—549），即萧衍。字叔达，南兰陵（今江苏常州西北）人。南朝梁的建立者。公元502—549年在位。曾任齐雍州刺史，镇守襄阳。后乘齐内乱，起兵夺取帝位。他重用士族，残酷剥削农民，多次镇压农民起义；利用佛教麻醉人民，三次舍身同泰寺。中大同二年（547）接受东魏大将侯景的归降。次年冬，景引兵渡江，不久攻陷都城，他饥病而死。

　　毛泽东用罗隐《筹笔驿》中"时来天地皆同力，运去英雄不自由"的诗句来批注梁武帝，只是说明梁武帝的帝业自己而得自己而丧的情况，并不是把他和诸葛亮同样看待。

　　罗隐的另一首咏史诗《王濬墓》的标题前，画着两个大圈，在头两句"男儿未必尽英雄，但到来时命即通"诗旁画有密圈。王濬是西晋大将。曾任巴郡太守、益州太守，造舟舰，练水师，积极准备攻吴。后率军攻破吴都建业（今江苏南京），接受吴主孙皓投降。

　　在这些咏史诗里，名为咏史，实则是诗人一生怀才不遇的慨叹。

　　罗隐的另一些咏史诗，喜用翻案法，表达自己的独特见解。所谓翻案法，是诗文中对前人成句或原意反而为之。宋人杨万里《诚斋诗话》："杜诗云：'忽忆往时秋井塌，古人白骨生青苔，如何不饮令心哀。'东坡云：'何须更待秋井塌，见人白骨方衔杯。'此即翻案法也。"清人袁枚《随园诗话》卷二："诗贵翻案。"古往今来，有不少著名诗人写下咏西施的作品，而罗隐的《西施》却别具一格："家国兴亡自有时，吴人何苦怨西施？西施若解倾吴国，越国亡来又是谁？"他不把国家的兴亡之责，归罪

---

　　① 《毛泽东读文史古籍批语集》，中央文献出版社1993年版，第185页。

于个别女子，不仅为西施洗白了冤狱，也批驳了古人"女人是祸水"的谬论。在当时，这种超凡脱俗的见解，实属难得。毛泽东在这首诗的标题前画着两个大圈，全诗都加了密圈。

这类咏史诗，毛泽东还圈画过《秦纪》："长鞭东策及海隅，鼋鼍奔走鬼神趋。怜君未到沙丘日，肯信人间有死无？"这首诗是讽刺秦始皇寻求长生不老之药的，毛泽东对前两句加了曲线，后两句加了密圈。《始皇陵》："荒堆无草树无枝，懒向行人问昔时。六国英雄漫多事，到头徐福是男儿。"这首诗讽刺秦始皇消灭了六国，却被术士徐福所骗的愚蠢行为，毛泽东也圈阅过。《董仲舒》："灾变儒生不合闻，谩将刀笔指乾坤。偶然留得阴阳术，闭却南门又北门。"这首诗对汉代经学大师董仲舒的阴阳五行学说，进行了辛辣的讽刺，毛泽东对此诗每一句都加了密圈。《焚书坑》："千载遗踪一窖尘，路傍耕者亦伤神。祖龙算事浑乖角，将谓诗书活得人。"这首诗直接指明秦始皇（祖龙）"焚书坑儒'的错误行径，毛泽东对此诗的后两句加了密圈。

罗隐的抒怀诗，通过对自身坎坷遭遇的慨叹，揭露科举制度的弊端与用人制度的腐朽。《甲乙集》中的第一首《曲江春感》："江头日暖花又开，江东行客心悠哉。高阳酒徒半凋落，终南山色空崔嵬。圣代也知无弃物，侯门未必用非才。一船明月一竿竹，家住五湖归去来。"诗人满腹经纶而"十上不中第"，不得不归隐五湖，这不是对所谓圣代无隐者的绝妙讽刺吗？毛泽东曾手书过此诗，说明他很熟悉。诗人的坎坷遭遇，有时难免要发牢骚。他的有名的自遣诗："得即高歌失即休，多愁多恨亦悠悠。今朝有酒今朝醉，明日愁来明日愁。""今朝有酒今朝醉"，表面看未免有点消极甚至颓废，其实是诗人的强烈抗议。毛泽东对这首诗字字圈点，一路密圈到底，并两次手书此诗。《偶兴》："逐队随行二十春，曲江池畔避车尘。如今赢得将衰老，闲看人间得意人。"此诗为游曲江，借景抒情之作，讽刺了科举制度的不公平。毛泽东对此诗逐句加了密圈。《东归别常修》是诗人赠给友人的一首诗，其中也流露出了"浮世到头须适性，男儿何必尽成功"的牢骚，毛泽东对全诗每句都加了圈，在天头上画着大的圈记。

罗隐的写景诗，毛泽东也圈画了不少。他的讽刺小诗《雪》："尽道丰年瑞，丰年事若何？长安有贫者，为瑞不宜多！"瑞雪兆丰年，但对贫苦的人民来说，却成了灾难，表现了诗人对贫苦人民的关切和同情。毛泽东曾手书过此诗。

《七夕》诗云："月帐星房次第开，两情惟恐曙光催。时人不用穿针待，没得心情送巧来。"这首诗别出心裁，写牛郎织女只顾自己久别重逢的欢爱，无心为人间乞巧的女子送巧。毛泽东对此诗的后两句画了密圈，最后还画一个大圈套两个小圈。

《京中正月七日立春》："一二三四五六七，万木生芽是今日。远天归雁拂云飞，近水游鱼迸冰出。"农历正月初七为人日。隋代诗人薛道衡《人日思归》："入春才七日，离家已二年。人落归雁后，思发在花前。"罗诗和薛诗命意相类，都表达了浓郁的乡思，而其诗显然受薛诗的影响。毛泽东对此诗句句加了圈点，标题前还分别画着两个大圈。

《浮云》："溶溶曳曳自舒张，不向苍梧即帝乡。莫道无心便无事，也曾愁杀楚襄王。"楚襄王与宋玉等游兰台之宫。宋玉在《风赋》中把风分为"大王之雄风"与"庶人之雌风"。罗诗借用其意，是说"大王之雄风"对浮云也毫无办法。毛泽东对此诗全部加了圈点，标题前还画着两个大圈。

《中秋夜不见月》："阴云薄暮上空虚，此夕清光已破除。只恐异时开雾后，玉轮依旧养蟾蜍。"这首诗写中秋夜不见月而想象云消雾散后光风霁月景象，别具一格。毛泽东在这首诗的每句末都加了双圈，并在后两句旁画了密圈。毛泽东对罗隐这些别开生面的写景诗，密加圈点，表明他比较欣赏。

毛泽东不仅赏识罗隐的才华，还称赞他"有军谋"。

南宋袁枢撰《通鉴纪事本末》卷二百二十《钱氏据吴越》载：唐末藩镇割据，江东纷扰，镇海军节度使钱镠与黄巢所属孙儒旧部作战时，在杭州修筑城堡，（镠）"谓僚佐曰：'十步一楼，可以为固矣。'掌书记余杭罗隐曰：'楼不若皆内向。'至是，人以隐言为验。"毛泽东对罗隐的话逐字加了旁圈，并批注道："昭谏亦有军谋。"①

---

① 《毛泽东读文史古籍批语集》，中央文献出版社1993年版，第306页。

1958 年，成都会议期间，毛泽东还将罗隐的《筹笔驿》《魏城逢故人》二诗编入他编的《诗词若干首》（唐宋明朝诗人写的有关四川的一些诗和词）一书。①

韦庄（836—910），字端己，长安杜陵（今陕西西安东南）人。唐末五代诗人、词人。诗人韦应物四世孙。至韦庄时，其族已衰，父母早亡，家境寒微。屡试不第，直到唐昭宗乾宁元年（894）才进士及第，任校书郎，已年近 60 岁。乾宁四年（897），奉诏随谏议大夫李珣入四川宣谕，得识王建。后至四川投奔王建，任掌书记。唐亡，王建称帝，国号蜀，以韦庄为宰相。有《浣花集》。

在晚唐诗人中，毛泽东对韦庄也很注意。1958 年 8 月 18 日，毛泽东在北戴河同哲学工作者谈话时指出，《诗经》中有些诗"是借男女写君臣。五代十国时的韦庄，有一首少年之作叫《秦妇吟》，是怀念君王的。"②毛泽东这样说是符合韦庄实际的。韦庄于广明元年（880）在长安应举，恰值黄巢义军攻陷长安，未能走脱，至中和二年（882）始得逃往洛阳，次年作《秦妇吟》。此诗长达 1666 字，为现存唐诗中最长的一首。诗中通过一位从长安逃难出来的女子即秦妇的叙说，正面描写黄巢起义军攻占长安、称帝建都，与唐军反复争夺长安及最后城中被围绝粮的情形。诗人对人民疾苦表示同情，对朝政的昏庸腐朽表示不满，对官军的暴行和藩镇割据有所揭露，但诗中称起义军为"贼"，加以诅咒、嘲笑和丑化，是极其错误的。

毛泽东对韦庄的其他诗词也很有兴趣。在一本《注释唐诗三百首》中，他圈阅了韦庄的两首诗：在五律《章台夜思》和七绝《金陵图》题目上方各画了一个圈③，表示欣赏。在其他唐诗选本中，他还圈阅了韦庄的《柳谷道中作却寄》《古别离》《赠边将》和《和同年韦学士华下途中见

---

① 刘开扬注释：《诗词若干首》（唐宋明朝诗人咏四川），四川人民出版社 1979 年版，第 110—112 页。

② 转引自陈晋《毛泽东与文艺传统》，中央文献出版社 1992 年版，第 289 页。

③ 中央档案馆整理：《毛泽东评点诗词曲精选》上册，中国档案出版社 1998 年版，第 97、140、95、116、93 页。

寄》等诗。他还手书过韦庄的七律《绥州作》。

1958 年 3 月，成都会议期间，毛泽东编写的《诗词若干首》（唐宋明朝诗人写的有关四川的一些诗和词）一书，收入韦庄的《菩萨蛮》五首和《荷叶杯》二首①，表现出对韦庄词作的喜爱。

晚唐还有一位重要诗人、词人温庭筠。温庭筠（812—866），字飞卿，太原祁县（今山西晋中祁县）人。屡试不第，唐文宗大和末年，做过随县和方城尉，官终国子助教，世称"温方城""温助教"。与李商隐齐名，世称"温李"；词与韦庄齐名，世称"温韦"。其词风格浓丽，开花间派先声。词多收入《花间集》。

毛泽东对温庭筠的作品也很熟悉。他的七律《到韶山》首句"别梦依稀咒逝川"中的"咒逝川"，就是从温庭筠的七律《苏武庙》末句的"空向秋波哭逝川"点化而来。

毛泽东手书过温庭筠的七律《过陈琳墓》《经五丈原》（两幅）《苏武庙》《赠知音》和五律《送人东游》（前四句）②。

在一本《注释唐诗三百首》毛泽东还圈阅过温氏的五律《送人东游》和七律《苏武庙》。在前者题目上方画了一个大圈，在正文开头处连画三个小圈，而对后者的圈画却与此相反③。

1958 年 3 月，成都会议期间，毛泽东编写的《诗词若干首》（唐宋明朝诗人写的有关四川的一些诗和词）一书中，收入了温氏的七古《锦城曲》一诗。

在其他唐诗选本中，毛泽东还圈阅过温氏的七绝《瑶瑟怨》《赠弹筝人》《渭上题》和七律《马嵬驿》《赠蜀府将》等诗。

此外，毛泽东对晚唐一些不太著名的诗人也比较注意。例如许浑，他曾手书过许浑的七绝《谢亭送别》和五律《秋日赴阙题潼关驿楼》二诗。

① 中央档案馆整理：《毛泽东评点诗词曲精选》上册，中国档案出版社 1998 年版，第 97、140、95、116、93 页。

② 刘开扬注释：《诗词若干首》（唐宋明朝诗人咏四川），四川人民出版社 1979 年版，第 120—124 页。

③《毛泽东手书选集·古诗词》下册，北京出版社 1996 年版，第 29—34 页。

在《注释唐诗三百首》中，在《秋日赴阙题潼关驿楼》题目上方画了一个大圈，正文开头处上方连画三个小圈；在五律《早春》题目上方空白处连画三个小圈①。他还圈阅过许浑的乐府诗《塞下曲》和七绝《金陵怀古》《咸阳城东楼》二诗。

《汉书·高祖本纪》写到刘邦死后，"丁未发丧，大赦天下。五月丙寅，葬长陵"。毛泽东读到这里，用唐彦谦七绝《仲山》诗批注道：

> 千载遗踪寄薜萝，沛中乡里旧山河。
>
> 长陵亦是闲丘陇，异日谁知与仲多。②

他还手书过这首诗。

毛泽东还曾手书过张螭的五律《登单于台》③和七律《钱塘夜宴留别郡守》④（两幅）二诗，并用后诗中的"屏间珮响藏歌妓，幕外刀光立从官"二句与岑参诗《奉和杜相公发益昌》中的"朝登剑阁云随马，夜渡巴江雨洗兵"二句组句，并加以手书⑤。

张泌有一首七绝："别梦依依到谢家，小廊回合曲阑斜。多情只有春庭月，犹为离人照落花。"毛泽东的《七律·到韶山》中的首句"别梦依稀咒逝川"，显然是从张诗首句化用而来。因为"依依"一词多解，其中之一就是"依稀"或"隐约"的意思。晋陶潜《归田园居》之一："暧暧远人村，依依墟里烟。"就是这种用法。

1972年，周世钊去北京开会，应邀去中南海，看望毛泽东。谈话中，周士钊说有人把毛泽东《七律·答友人》中的长岛，说成是日本的长崎。

毛泽东说："我的那首《七律·答友人》的诗，当然是答我的朋友的，

---

① 中央档案馆整理：《毛泽东评点诗词曲精选》上册，中国档案出版社1998年版，第97、140、95、116、93页。

② 中央档案馆整理：《毛泽东评点二十四史评文全本》，中国档案出版社2008年版，第7页。

③ 《毛泽东手书古诗词》，文物出版社、档案出版社1984年版，第167页。

④ 《毛泽东手书选集·古诗词》下册，北京出版社1996年版，第84—87页。

⑤ 《毛泽东手书选集·古诗词》上册，北京出版社1996年版，第202页。

而且是答我的诗友。我的诗友经常写诗寄给我，我也应该用诗来回答嘛！这叫作诗友往来，也叫作礼尚往来嘛！我的诗友在哪里？诗的最后两句是：'我欲因之梦寥廓，芙蓉国里尽朝晖。''芙蓉国'指哪里？唐朝诗人谭用之秋天到湖南遇雨夜宿湘江，他看到湘江边上到处是芙蓉花的美丽景色，因之便写下了'秋风万里芙蓉国，暮雨千家薜荔村'的诗句。后来我们湖南就算是清泚之地、芙蓉之国了。既然芙蓉国是指湖南，那么长岛自然是长沙，不会在日本了。我的诗友自然是在湖南，而且是在长沙。"毛泽东现身说法，讲述了自己写的"芙蓉国里尽朝晖"的诗句与谭用之"秋风万里芙蓉国"诗句的关系，这可谓毛泽东夫子自道，等等，不胜枚举。

（二）罗隐及其他晚唐诗人名篇欣赏

1. "我未成名君未嫁，可能俱是不如人"

毛泽东中南海故居菊香书屋的藏书中，有罗隐的两本诗集——《罗昭谏集》和《甲乙集》。毛泽东对这两本诗集中很多诗都圈了浓圈密点，据不完全统计有 91 首之多。毛泽东喜欢罗隐的诗，与罗隐的生平遭际和才气有关。

罗隐天资聪明，少负诗名。但他自 28 岁至 55 岁，奔波游历，十举进士不第。唐爵宗咸阳十一年（870）入湖南幕府，次年任衡阳主簿。不久遭受打击，愤而辞职。后游大梁、淮、润等地。55 岁投奔镇海节度使钱镠，得到任用，历任钱塘令、节度使判官，著作郎等职。唐亡后，钱镠对后梁称臣，罗隐受到给事中的封爵，以谏议大夫征隐入朝，不就。

罗隐有一首七绝《偶题》曰：

> 钟陵醉别十余春，重见云英掌上身。
> 我未成名君未嫁，可能俱是不如人。

毛泽东非常欣赏这首诗，在《甲乙集》中读到这首诗时批注道："十上不中第。"① 在《罗昭谏集》中读到这首诗时，对此诗的后两句字字都画了密圈。

罗隐当年以寒士身份赴举，路过钟陵（今江西进贤西北，已并入南昌市），结识了当地一位颇有才思的歌妓云英。12年后他以落第之身再度路过钟陵，又与云英不期而遇。诗人见云英仍属乐籍，未脱风尘，不胜感慨；不料云英见他仍是布衣，更为惊诧。诗人就写此诗赠她。

"钟陵醉别十余春"，首句叙事，追叙诗人12年前初见云英醉欢而别的往事。这首诗为云英的问题而发，是诗人的不平之鸣。但一开始却避开那个话题，只从叙旧平平道起。"钟陵"句回忆往事。12年前，作者还是一个英敏少年，正意气风发；歌妓云英也正值妙龄，色艺双全。"酒逢知己千杯少"，当年彼此互相倾慕，欢会款洽，都可以从"醉"字见之。"醉别十余春"，显然含有对逝川的痛悼。十余年转瞬已过，作者是老于功名，一事无成，而云英也该人近中年了。

"重见云英掌上身"，次句仍叙事，写此次与云英的重逢。首句写"别"，第二句则写"逢"。前句兼及彼此，次句则侧重写云英。从"十余春"后已属半老徐娘的云英犹有"掌上身"的风采，可以推想她当年是何等美丽出众了。"掌上身"，相传汉成帝之后赵飞燕体态轻盈，能为掌上舞（见《白孔六帖》卷六一）。后指体态轻盈的舞蹈。掌上身，则指女子轻盈善舞的体态。

"我未成名君未嫁，可能俱是不如人"，三、四两句叙事兼议论。如果说这里啧啧赞美云英的绰约风姿是一扬，那么，第三句"君未嫁"就是一抑。如果说首句有意回避了云英所问的话题，那么，"我未成名"显然又回到这话题上来了。"我未成名"由"君未嫁"举出，转得自然高明。此法谓之欲抑先扬之法。这种委婉曲折、跌宕多姿的笔法，对于表现抑郁不平的诗情是很合宜的。写云英为诗人不第而感到惊诧，诗人也为云英未脱风尘而愤愤不平，可谓"同是天涯沦落人"（唐白居易《琵琶行》），同病相怜吧！此句写得沉痛悲愤，是诗人对封建社会压抑人才的强烈抗议。毛

---

① 《毛泽东读文史古籍批语集》，中央文献出版社1993年版，第17页。

泽东读到这里，大笔一挥，批注道："十上不中举。"意思是说，问题还不止此，而是一直考到55岁，一共十次考进士都没有考中，不仅表达了对云英这位可怜女性的同情，也是对罗隐身世遭际的深刻理解。

既引出"我未成名君未嫁"的问题，就应说个所以然。但末句仍不予正面回答，而用"可能俱是不如人"的假设、反诘之词代替回答，促使读者去深思。它包含丰富的潜台词：即使退一万步说，"我未成名"是"不如人"的缘故，可"君未嫁"又是为什么？难道也是"不如人"吗？这显然说不过去（前面已言其美丽出众）。反过来又意味着："我"又何尝"不如人"呢？既然"不如人"这个答案不成立，那么"我未成名君未嫁"原因到底是什么，读者也就可以体味到了。此句读来深沉悲愤，一语百情，是全诗不平之鸣的最强音。

此诗以抒作者之愤为主，引入云英为宾，以宾衬主，构思甚妙。寓愤慨于调侃，化严肃为幽默，亦谐亦庄，耐人寻味。故为传世名篇。

2."时来天地皆同力，运去英雄不自由"

毛泽东对罗隐的一首咏史诗《筹笔驿》非常欣赏。他在此诗的标题前画着三个大圈，每句末都画着圈，第一句旁画着曲线，从第三句起，又一路密圈到底。[①] 他还手书过此诗全诗和"时来天地皆同力，运去英雄不自由"二句。[②]1958年3月成都会议期间，毛泽东编选的《唐宋明朝诗人写的有关四川的一些诗和词》中也收有这首诗。[③] 他在阅读《南史·梁高祖本纪》时，曾把"时来天地皆同力，运去英雄不自由"二句写在天头上，作为批语。[④]

《筹笔驿》原诗如下：

① 张贻玖：《毛泽东评点、圈阅的中国古典诗词》，中国工人出版社1992年版，第157页。

② 《毛泽东手书选集·古诗词》下册，中国档案出版社1998年版，第59—63页。

③ 《诗词若干首》(唐宋明朝诗人咏四川)，四川人民出版社1979年版，第110页。

④ 《毛泽东读文史古籍批语集》，中央文献出版社1993年版，第185、306页。

抛掷南阳为主忧，北征东讨尽良筹。

时来天地皆同力，运去英雄不自由。

千里山河轻孺子，两朝冠剑恨谯周。

惟余岩下多情水，犹解年年傍驿流。

"筹笔驿"，在利州绵谷县（今四川广元北 80 里处），今朝天驿北。据传诸葛亮出师，曾在这里驻军，挥笔筹划。罗隐曾经到过蜀中，大概是应试不中，来成都节度使幕中干谒过此的。

"抛掷南阳为主忧，北征东讨尽良筹"，首联叙事，写诸葛亮为先主刘备之忧而离开南阳，北征曹魏，东讨孙吴都是好计谋。南阳，今河南南阳市。诸葛亮出山前躬耕于南阳卧龙岗（一说为湖北襄阳古隆中）。东讨是刘备之意，非诸葛亮之谋。

"时来天地皆同力，运去英雄不自由"，颔联议论，写诸葛亮这样的英雄人物抓住机遇，建功立业，好像天地也一起努力帮他，失掉机遇他也不由自己了，即无能为力了。二句揭示了"时势造英雄"的历史辩证法，表现诗人对诸葛亮英才盖世的敬仰，也为他大业未竟而深表同情。

"千里山河轻孺子，两朝冠剑恨谯周"，颈联议论，写后主刘禅不重视先主所开辟的江山，先主和后主两朝的文臣武将，都痛恨谯周主张降魏使蜀国灭亡。孺子，指后主刘禅，是说他不肖（这时他已四十多岁）。谯周（201—270），巴西西充国（今四川阆中西南）人，诸葛亮为益州牧，谯周为劝学从事，诸葛亮死后，他急忙奔丧，蒋琬仍然用他。后为太子家令、光禄大夫，主张降魏，魏封为阳亭城侯。入晋，任骑都尉、散骑常侍。

"惟余岩下多情水，犹解年年傍驿流"，尾联抒情，写诗人凭吊胜迹的凄凉之感和对诸葛亮的缅怀之情。

1967 年 9 月，毛泽东从南方乘火车回到北京，在中南海等候的王海容向他汇报有关情况，试探他对陈毅和王力、关锋、戚本禹的态度。当王海容谈到王力"八七讲话"不得人心时，毛泽东针对王、关、戚的问题，只援引了两句诗："时来天地皆同力，运去英雄不自由"，并说："你回去吧，我想休息了。"据王季范查明，这两句诗出自罗隐《筹笔驿》。毛泽东援引罗隐这两句诗，意思是说，王、关、戚等人，在"文化大革命"开始以来，时来运转，红极一时，似乎天、地、人都协力支持他们，一切都很得手，但曾几何时，他们多行不义必自毙，好运不长，气数已尽。①

3."莫言马上得天下，自古英雄皆（能）解诗"

1929年10月，毛泽东住在福建上杭临江楼上，闽西特委书记邓子恢、红四军第四纵队政治部主任谭震林、上杭县赤卫总队队长和红四军肃反委员会主任傅柏翠，经常到临江楼向毛泽东汇报、请示工作。

傅柏翠向毛泽东汇报工作，毛泽东指示筹备成立闽西苏维埃政府。工作商讨完后，两人畅谈起菊花诗来。

毛泽东望着对岸微黄的田野和秋高气爽的长空，回过头来，面对楼内十几盆盛开的大菊花，问道："柏翠，今天是九月初几？"

傅柏翠说："今天是初八，明天是重阳了。"

"黄巢有一首菊花诗：

> 待到秋来九月八，我花开后百花杀。
> 冲天香阵透长安，满城尽带黄金甲。"

毛泽东望着面前金灿灿的大菊花，"黄金甲，黄金甲，黄巢把菊花瓣设想为战士盔甲，语意双关，既形容菊花秀色，又展示了菊花英姿。冲天香阵透长安，满城尽带黄金甲，说明起义要拿下长安，主宰帝都。何等气势，这是封建文人们想也不敢想的！"

毛泽东走了几步，又说："黄巢还有一首题菊花诗：

> 飒飒西风满院栽，蕊寒香冷蝶难来。
> 他年我若为青帝，报与桃花一处开。

---

① 《毛泽东读文史古籍批语集》，中央文献出版社1993年版，第185、306页。

菊花在寒秋里开放，蜂蝶不来，唯有孤芳自赏，生不逢时。黄巢感叹不已，他要做司春之神，让菊花在春天里开放，与万花争艳，想得多么浪漫。有人说，他年我若为青帝，是向帝王挑战的叛逆思想。这诗好就好在想别人所不敢想，说别人所不敢说的。他如果想获得政权，给平民百姓带来幸福生活，有何不可。还有人说这诗是黄巢五岁时写的，自然是胡扯。若说他早有叛逆思想就对了。"

傅柏翠完全赞同毛泽东的见解，他说："反对朝廷的农民领袖，他的笔下自然要流露出这样的思想和感情。黄巢的菊花诗与别人的作品完全不同，它脱却了封建文人的气味，豪壮又不失含蓄。"

毛泽东双手背叉在腰后踱着步，笑着说："现在为人民利益而造反的革命者都要超过前人了。"

傅柏翠说："当然，共产主义是前人没有的事业啊！"

毛泽东说："你们上杭城，过去造反者都无法攻下，现在不是被我们红军攻下来了。"傅柏翠说："是，我们办了前人办不成的事。"

毛泽东说："太平天国石达开部将石国宗，率数万人攻上杭城，城也攻不开。我们胜利，不是因为攻城人马比石达开的人马多，也不是城里守军比当年清军弱，而是我们懂得依靠群众，发动群众。攻打上杭城时，你和县委同志不是发动了全县区乡赤卫队和农会会员数千人，配合红军攻城吗？还有城里群众为我们通风报信。太平军就不会这样做。"

傅柏翠说："毛委员说得对。"

毛泽东在一盆大菊花前停下来，说："石达开是英雄，也能诗。黄巢是英雄，也能诗。古人说：'莫言马上得天下，自古英雄能解诗'。很有道理。"

毛泽东又说，"黄巢自号冲天大将军，打下长安，做了皇帝，可他失败了，自杀了。从起义到灭亡，前后仅10年。他到处流动，攻城夺地，一个胜利接一个胜利。今天夺下一个城池，明天又把它丢了。他所过的州郡不下数十个，从不选择其中险要的雄关重镇，派兵驻守，作为后方根据地，结果攻下的州郡都丢了。入长安做皇帝，只剩下巴掌大的地盘，没有牢固根基，如何能长久维持？我们需要那样有雄才大略的人民英雄，但不能有他的流寇思想和成功后享乐腐化、忘本思想。黄巢年轻的时候，贩过私盐，侠义勇为，同情农民。造反时，才几个月就聚众数万，说明他深得民心。今天，我们也需要黄巢那样的盐贩子。共产党、红军建立了苏区，蒋介石封锁苏区，不让食盐运入苏区，给我们制造困难。在苏区未扩大到产盐地前，我们都要靠私盐贩子运来盐巴。黄巢若生长今天，我们当请他助一臂之力！"①

黄巢（？—884），曹州冤句（今山东菏泽西南）人。他出生于盐贩家庭，从小就从事贩卖私盐的活动。读过书，会写文章，会写诗，武艺高强，骑马，射箭，样样都能。他到长安应过科举考试，没有考中。唐僖宗乾符二年（875），黄巢率数千人响应王仙芝领导的农民起义。次年，因不满王仙芝动摇，分兵独立作战。王仙芝牺牲后，被举为起义军领袖，号"冲天大将军"。

黄巢的起义军曾经两次出山东流动作战。第一次由山东到河南，转入安徽和湖北，由湖北回到山东；第二次又由山东到河南，转到江西经浙东到福建及广东，转广西经湖南到湖北，再由湖北东进安徽、浙江等地，然后渡淮入河南，走洛阳破潼关，据有长安。唐僖宗广明元年（880）十二月十三日在长安建立大齐国，称皇帝，年号"金统"。后因唐军郑畋部反扑和部将朱温叛变降唐，又受沙陀族酋长李克用军队的进攻，长安城内又严重缺粮，于中和三年（883）四月撤出长安。中和四年（884）七月，起义军陷入唐军的包围，终于失败，黄巢自杀于今山东莱芜东南的虎狼谷。

黄巢领导的农民战争持续了十年之久，是中国历史上有名的农民战争之一。终因流动作战，没有建立根据地而失败，教训弥深。1929 年 12 月，毛泽东为红四军党的第九次代表大会写的决议第一部分《关于纠正党内的错误思想》中，就关于流寇思想指出："一切流寇思想的表现极大地妨碍着红军去执行正确的任务，故肃清流寇思想，实为红军党内思想斗争的一个重要目标。应当认识，历史上黄巢、李闯式的流寇主义，已为今日的环境所不许可。"②

---

① 《福建党史》1996 年第 1 期。
② 《毛泽东选集》第一卷，人民出版社 1991 年版，第 94 页。

十、圈阅最多的诗人罗隐及其他晚唐诗人

1975 年 12 月 26 日，是毛泽东 82 岁生日。环视他陈设简单但不空旷的卧室，床上书桌上，尚可见可知若干书名，及其插有若干书签的所在，比如《新唐书》在"卷 225 下列传第 150 下逆臣下黄巢"，《旧唐书》在"卷 200 下列传第 115 下黄巢"，《明史》在"卷 309 列传第 197 流寇李自成"，《征四寇》在第 24 回《燕青月夜遇道君戴宗定计赚萧让》，《水浒后传》在第 24 回《换青衣二帝惨蒙尘献黄柑孤臣完大义》。此外，未插书签的有《金田起义前洪秀全年谱》《忠王李秀成自传原稿》《太平天国史事考》《太平天国史迹调查集》等。①

中国历史上的农民起义的前途不外乎两种：一种是胜利了，自己变成了统治者，如刘邦、朱元璋等；一种是失败了，如黄巢、李自成、宋江、洪秀全等。毛泽东这个农民的儿子，他领导的革命实质上也是农民革命，胜利了，建立了中华人民共和国，进行着社会主义建设，但他晚年领导的"文化大革命"反对的人不少，赞成的人不多，可能要失败。在他百年之后，中国未来的前途命运如何，实在不容他不加思考。在他生日这天，他又重读中国历史上四次农民大起义的有关史料，是否与此有关呢？

黄巢的两首菊花诗，都是以菊喻志的。前者是黄巢应试落第后所写，《全唐诗》题作《不第后赋菊》，《清暇录》题作《菊花》；后者名为《题菊花》。前者极写菊花盛开的壮丽图景，表现了农民起义领袖果决坚定的精神风貌；后者写满院菊花在飒飒秋风中凌霜傲雪开放的风姿，表现了农民起义领袖人物，推翻旧政权的斗争精神和必胜信念。二诗迥别于封建文人赋菊之作，别有一番风韵。正如唐代诗人林宽所说："莫言马上得天下，自古英雄皆解诗。"（《歌风台》）古往今来，确有不少能"解诗"的英雄，黄巢就是其中突出的一个。

4. "刘项原来不读书"

晚唐诗人章碣，桐庐人。诗人章孝标之子。在唐末咸通、乾符年间，

---

① 舒群：《十二月二十六日》，《毛泽东故事》，作家出版社 1986 年版，第 204—205 页。

屡次不第，后流落不知所终。《全唐诗》存其诗仅 26 首，其中 23 首是七律，其余 3 首是七绝。其诗语意愤激，例如"尘土十分归举子，乾坤大半属偷儿"（《癸卯岁毗陵登高会中贻同志》），是很泼辣的诗句。方干称赞他的诗说："织锦虽云用旧机，抽梭起样更新奇。"（《赠进士章碣》）

他有一首七绝《焚书坑》，毛泽东非常喜欢，曾数次运用。

1959 年 12 月 11 日，毛泽东为查找《焚书坑》一诗的作者，给他的办公室秘书林克写了一封信：

林克：

　　请查找《焚书坑》一诗，是否是浙人章碣（晚唐人）写的？诗云：
　　竹帛烟销帝业虚，关河空锁祖龙居。
　　坑灰未烬（冷）山东乱，刘项原来不读书。

毛泽东
十二月十一日

阅后退毛 [1]

1966 年 4 月 14 日，毛泽东在《对〈在京艺术院校试行半工（农）半读〉一文的批语》中又引用了章碣的《焚书坑》一诗。他说："唐人诗云：'竹帛烟销帝业虚，山河空锁祖龙居。坑灰未烬山东乱，刘项原来不读书。'有的同志说：'学问少的打倒学问多的，年纪小的打倒年纪大的'，这是一条规律。" [2]

毛泽东喜欢这首诗，便想了解章碣是怎样一个人。为了弄清章碣的生平以及该诗是不是他写的，毛泽东是下了功夫的。在让林克查找以前，他让康生查过，12 月 8 日，康生在给毛泽东的报告中说："主席，关于章碣的生平材料很少，查了几条，但同中国文学家大辞典所记差不多，送上请阅。"或是康生送上的材料不能回答毛泽东的询问，所以他又请林克再查。前面引述的给林克的信，便是写在康生送的报告上面的。

---

① 《建国以来毛泽东文稿》第八册，中央文献出版社 1993 年版，第 613 页。

② 同上第十二册，中央文献出版社 1999 年版，第 35 页。

毛泽东经常谈到秦始皇"焚书坑儒"的事，也关心前人的评价。章碣的《焚书坑》诗，对秦始皇"焚书坑儒"事件的评价相当深刻，故引起毛泽东的注意。

秦始皇三十四年（前213），丞相李斯建议，在全国范围内搜集民间所藏《诗》《书》和百家之书（秦纪、医药、卜筮、种树之书除外）一律焚毁；谈论《诗》《书》者死；以古非今者诛；学习法令者以吏为师。秦始皇采纳李斯这一建议。次年，方士、儒生求仙药不得，卢生等又逃亡，始皇怒，在咸阳坑杀诸生460余人。这一事件史称"焚书坑儒"。这一事件造成中国历史上一场文化浩劫。

焚书坑，据传是当年焚书的一个洞穴，旧址在今陕西省临潼东南的骊山上。章碣或许到过这里，目之所见，感慨系之，便写了这首诗。

这是一首绝句。"竹帛烟销帝业虚"，首句是说竹帛化为灰烟消失了，秦始皇的帝业也跟着灭亡了。"竹帛"是古代写书的材料，这里指书。

"关河空锁祖龙居"，次句是说虽然有关河的险固，也保卫不住秦始皇都城中的宫殿。"关河"，主要指函谷关和黄河，也包括其他关隘、河流，如散关、萧关、泾河、渭河等。汉贾谊《过秦论》："秦地被山带河以为固，四塞之国也。""祖龙"，指秦始皇。《史记·秦始皇本纪》记载一项传说：秦始皇三十六年（前211），有神人对秦使者说："今年祖龙死。"使者回报秦始皇，始皇听了，好久不讲话，过后自作解释说："祖龙者，人之先也。"秦始皇一心要做子孙万代诸"龙"之祖。

"坑灰未冷山东乱"，三句用历史事实对"焚书"一事作出评价。秦始皇和李斯等人，把"书"看成是祸乱的根源，以为焚了书就可以天下太平了。可是焚书坑的灰烬还未冷却，函谷关以东便动乱了。此系夸张，距陈胜吴广领导的大泽乡农民起义还有四年时间。

"刘项原来不读书"，末句抒发感慨说，灭亡秦朝的刘邦和项羽都不是读书人。挪揄调侃的口吻，包含着极为辛辣的讽刺意味。

这首诗就秦末动乱的局面，对秦始皇焚书的荒谬行为，进行了辛辣的嘲讽和无情的谴责。

清人吴景旭《历代诗话》卷五十三中"焚书"条，说的是章碣的《焚书坑》诗。作者对"坑灰未冷山东乱，刘项原来不读书"中的"焚书坑"作了考证，指出是在骊山下，即"坑儒谷"。文中辑录了对秦始皇焚书坑儒持不同看法的两首诗："万历中，陈眉公诗：'雪满前山酒满瓠（gū），一编常对老潜夫。尔曹空恨咸阳火，焚后残书读尽无。'天启中，叶圣野诗：'黄鸟歌残恨未央，可怜一夕葬三良。坑儒旧是秦家事，何独伤心怨始皇。'一诘责后人，一追咎前人。各妙。"接着作者列举历史事实，阐述自己的观点。即："秦时未尝废儒，而始皇所坑者，盖一时议论不合者耳。"毛泽东对此加了圈点。

对这件事，毛泽东有自己的评价。他多次谈过，秦始皇这个人大概缺点甚多，有三个指头。主要骂他的一条是"焚书坑儒"，坑了 460 个儒，其实主要是反对他的人，而我们搞掉几十万反革命人，比他多好多倍。这基本上是为秦始皇辩护的。

在毛泽东看来，秦始皇"焚书坑儒"的失误，在于他以为搞掉秀才就万事大吉了。正是在这个意义上，他非常赞同章碣《焚书坑》的观点。

不仅如此，毛泽东为了强调革命实践的重要性，在《对〈在京艺术院校半工（农）半读〉一文的批语》中，甚至认为"书读多了是害死人的"，并引章碣的《焚书坑》为证，赞成有人说的"学问少的打倒学问多的，年纪小的打倒年纪大的"，说"这是古今一条规律"，就未免太偏颇了。

早在延安时期，1945 年 7 月 1—5 日，褚辅成、黄炎培、冷遹、傅斯年、左舜生、章伯钧（王云五因病未成行）六位国民参政员，从重庆飞抵延安访问期间，毛泽东和他们进行了多次会见和会谈，参加宴会和迎送，并书写晚唐诗人章碣的《焚书坑》一诗赠给傅斯年。

直到晚年，1975 年，病中的毛泽东与护士孟锦云谈司马光《资治通鉴》又谈到这首诗。他说：古人说，秀才造反，三年不成。我看古人是说少了，光靠秀才，30 年，300 年也不行噢。小孟问："古代这么说，现代也这么说，为什么秀才就不行呢？"毛泽东接着说："因为秀才有个通病：一是说得多，做得少，向来是君子动口不对手；二是秀才谁也看不起谁，文人相轻嘛。秦始皇怕秀才造反，就'焚书坑儒'，以为烧了书，杀了秀才，就可以天下太平，一劳永逸了，可以二世、三世传下去，天下永远姓秦,结果是'坑灰未冷山东乱,刘项原来不读书'。是陈胜、吴广、刘邦、项羽这些文化不高的人,带头造反了。可是没有秀才也不行,秀才读书多,见识广,可以出谋划策,帮助治天下,治国家,历代的明君都有一些贤臣辅佐,他们都不能离开秀才啊!"

5. "秋风万里芙蓉国,暮雨朝云薜荔村"

1961 年 12 月 26 日,毛泽东写信给他的老朋友周世钊。毛泽东的信是这样写的:

世钊同志:

惠书收到,迟复为歉。很赞成你的意见。你努力奋斗吧。我甚好,无病,堪以告慰。"秋风万里芙蓉国,暮雨朝云薜荔村"。"西南云气来衡岳,日夜江声下洞庭。"同志,你处在这样的环境中,岂不妙哉?

毛泽东

一九六一年十二月二十六日[1]

周世钊是毛泽东的同乡、同学,又是诗友。他当时任湖南省副省长。在这封信中,毛泽东借用古人的诗句,表现了他对故乡深切的爱。

"秋风万里芙蓉国,暮雨朝云薜荔村",这是化用唐末五代谭用之《秋宿湘江遇雨》中的两句诗。原诗是:

江上阴云锁梦魂,江边深夜舞刘琨。
秋风万里芙蓉国,暮雨千家薜荔村。
乡思不堪悲橘柚,旅游谁肯重王孙。
渔人相见不相问,长笛一声归岛门。

---

① 中共中央文献研究室编:《毛泽东书信选集》,中央文献出版社 2003 年版,第 545 页。

谭用之，字藏用，（约公元九三二年前后在世），里居及生卒年均不详，约后唐明宗长兴中前后在世。唐末五代时人。善为诗而官不达。喜七律，描写细腻，语言工巧流畅。著有诗集一卷，《新唐书·艺文志》传于世。《全唐诗》存其诗一卷。

谭用之生在天下大乱之时，很有才气，抱负不凡。他离乡背井，求取功名，却四处碰壁，得不到赏识和任用，常有怀才不遇之叹。这首七律，借对秋雨中湘江景色的描写，抒发其慷慨不平之气，情景交融，意境壮阔，感情健朗。它是一首自拔于唐末五代卑弱诗风的佳作。

"湘上阴云锁梦魂，江边深夜舞刘琨"，首联上句交代泊船湘江的特定环境：滚滚湘江，阴云四合，孤舟受阻，诗人回乡的愿望将化为泡影；下句由写景转而叙事，抒写其雄心壮志。舞刘琨，即刘琨闻鸡起来舞剑。刘琨，西晋人。少有志气，与祖逖为友，二人曾同被共寝，夜闻鸡起舞。后以"闻鸡起舞"用为志士仁人及时奋发之典。作者用此典故，表现了匡时济世的远大抱负。

"秋风万里芙蓉国，暮雨千家薜荔村"，颔联描写，描绘了一幅宏伟壮丽的湘江秋景图。此联写湘江两岸特有的两种景物：上句写芙蓉，这里指木芙蓉，不是荷花。木芙蓉为灌木，花繁盛，有白、黄、淡红数色，颇为淡雅素美；下句写的薜荔，是一种蔓生的常绿灌木，叶椭圆形，花极小，隐于花托内。湘江沿岸，一丛丛一簇簇木芙蓉，繁花似锦，在秋风的吹拂下，更加摇曳多姿；千村万落到处攀爬着薜荔，经秋雨一洗，更是美不胜收。两句把湘江两岸的景色，写得极为雄奇壮阔。后人称湖南为芙蓉国，其源出于此。

"乡思不堪悲橘柚，旅游谁肯重王孙"颈联抒情，写诗人回家无路，报国无门的感慨。悲橘柚，是说橘柚引起了诗人的悲叹。湘江一带盛产橘柚，其味甘美，但不是自己故乡，故而生悲。王孙，王的子孙，后泛指贵族子弟。汉淮南小山《楚辞·招隐士》："王孙游兮不归，春草生兮萋萋。"后借指游子。此是作者自比。诗人宦游他乡，羁旅湘江，虽抱济世之志，终感报国无门。

尾联以景结情，意在言外。《楚辞·渔父》有云："屈原既放，游于江潭，行吟泽畔，颜色憔悴，形容枯槁。渔父见而问之曰：'子非三闾大夫软？'"屈原身处逆境，尚有一渔父与他对话；而诗人遇到的却是"渔人相见不相问，长笛一声归岛门"。渔人看见他竟不与之言语，只管自己吹着笛子回岛上的家中去了。诗人不被理解的郁闷，壮志难酬的悲愤，都在这无可奈何之中了。

毛泽东对唐人描写自己家乡风物的这首佳作，可谓情有独钟。他曾经两次手书过这首诗的全文，还手书过"秋风万里芙蓉国，暮雨千家薜荔村"二句①，并在自己的七律《答友人》中化用其意，写出了"芙蓉国里尽朝晖""长岛人歌动地诗"这样脍炙人口的诗句，而且他在为这两句诗作的注释，明确指出了二句与谭诗的关系。"长岛人歌动地诗"，"长岛"即水陆洲，也叫橘子洲，长沙因此得名，就像汉口因在汉水之口而得名一样。②"芙蓉国里尽朝晖"，"芙蓉国"，指湖南，见谭用之诗"秋风万里芙蓉国"。"芙蓉"，是指木芙蓉，不是水芙蓉，水芙蓉是荷花。谭诗可查《全唐诗》。③毛泽东还在他的七律《送瘟神》中将"暮雨千家薜荔村"化用为"千村薜荔人遗矢"。特别是我们上面引述的给周世钊的信中，援引了此诗中"秋风万里芙蓉国，暮雨朝云（千家）薜荔村"后又说："同志，你处在这样的环境中，岂不妙哉？"他用十分凝练的语言，含蓄地表达了丰富的感情，同时亦能引起对方的无限联想，激起为家乡的美好未来而努力奋斗的豪情。

至于信中所引另两句诗，见之于清末诗人黄道让的《重登岳麓》，我们另外撰文。

毛泽东读唐诗给我们什么启发呢？笔者认为，至少有如下几点：

第一，唐诗是十分优秀的作品。因为读书是一种接受活动，首先要有可供接受的客体——优秀的文学作品；其次要有能接受文学作品的能力，

---

① 《毛泽东手书选集·古诗词》下册，北京出版社 1993 年版，第 88—90 页。
②③ 《对〈毛泽东诗词〉中若干词句的解释》，《毛泽东诗词集》，中央文献出版社 1996 年版，第 260—261 页。

比如识字，能阅读或听别人读文学作品，有一定的分析判断能力；二者通过阅读建立一定的联系，完成阅读活动。看书学习是一种接受活动，他对阅读的对象要有选择，也就是说，比如人吃东西要选择食物一样，人们阅读文学作品也要选择。所以只有思想内容和艺术水平俱佳的作品，才能成为阅读的对象。唐诗是我国古代诗歌的瑰宝，有48900首之多。毛泽东通过阅读，评点、圈阅了680多首，可谓优中选优，其思想内容之好和艺术水平之高便可想而知了。

人们可能会问，唐诗的作者大都是地主阶级知识分子，后来的地主阶级和资产阶级知识分子说它好，这可以理解；而毛泽东是无产阶级革命领袖，为什么也认为它好呢？因为各阶级也有共同美。

据原中国科学院文学研究所所长何其芳回忆：大约1960年，一次，毛泽东同他谈美学问题。毛泽东说："各个阶级有各个阶级的美。"一位同志插话："问题在于也有一些相同的。"

毛泽东像是回答他的问题，也像是发表思考的结果似的说："各个阶级有各个阶级的美。各个阶级也有共同的美。'口之于味，有同嗜焉'。"优秀作品都有共同美，即超出阶级之外为各个阶级所共同认为美的美。唐诗正是这样的作品。

第二，诗的作用是多方面的。毛泽东是伟大的革命领袖，又是杰出的诗人；他既是伟人，又有常人心态。作为唐诗的一位读者，他有时想到革命工作，就往往强调唐诗的认识作用、教育作用。例如，贺知章《回乡偶书》："少小离家老大回，乡音无改鬓毛衰。儿童相见不相识，笑问客从何处来。"刘少奇读后，从诗中"儿童相见不相识"，推论出古代禁止官员带家属；而毛泽东读后，认为得不出这结论，为此，1958年2月10日，他写的一封《古代官员是否禁带眷属问题给刘少奇信》中说：贺知章"在长安几十年，不会没有眷属"。"唐朝未闻官员禁带眷属事，整个历史也未闻此事。所以不可以'少小离家'一诗便作为断定古代官吏禁带眷属的充分证明"。但到了同年3月成都会议期间，他去杜甫草堂参观，吟咏杜甫的《茅屋为秋风所破歌》"安得广厦千万间，大庇天下寒士俱欢颜"后，风趣地说："看来，高级知识分子的住房困难问题，是古已有之。"毛泽东和刘少奇尽管认识不同,但他们作为当时党和国家的一二把手,对干部带家属的问题都有某种程度的轻视,致使"文革"前广大干部两地分居问题始终没有很好解决。

1958年,毛泽东在女儿李讷生病住院治疗时,给她写信,抄录了王昌龄诗一首:"青海长云暗雪山,孤城遥望玉门关。黄沙百战穿金甲,不破楼兰终不还。"并说:"这里有意志,知道吗?"20世纪五六十年代,他给舞伴刘芙蓉讲解高蟾的《下第后上永崇高侍郎》诗,并要她"学芙蓉花的长处,春去了,万花凋零,独有芙蓉拒霜而开。做人也应这样"。这都是用诗教育别人。

毛泽东虽然宵衣旰食,也有工作之余的短暂休息,他虽是领袖人物,也有常人心态。所以有时他读唐诗是为了欣赏,调剂精神,以便更有利于工作。例如,1959年8月6日,他给儿媳刘松林写信,抄录了李白"登高壮观天地间"等四句诗,并说"你愁闷时可以看点古典文学,可起消愁破闷的作用"。他说李商隐的《锦瑟》"自有它迷人的魅力"。感受诗的魅力,读诗起"消愁破闷"的作用,这都是指诗的审美作用。

第三,读诗是可以有偏爱的。读诗是文学欣赏。文学欣赏,通俗地说是,萝卜白菜,各有所爱。所以,作为一个鉴赏家,文学欣赏是可以有偏爱的。毛泽东毫不讳言:"杜甫、白居易哭哭啼啼,我不愿看,李白、李贺、李商隐,搞点幻想。"就是说对现实主义和浪漫主义两大类作品,他偏爱浪漫主义作品。大家都知道,在众多的唐代诗人中,他偏爱李白、李贺、李商隐。

第四,作为诗论家,他的评价是公允的。读者作为一个鉴赏家,对诗的欣赏,往往因时、因地、因事而不同,而且可有自己的偏爱。但高明的鉴赏家,同时又应该是一个公正的评论家。毛泽东正是这样一位鉴赏家兼评论家。所以,他对唐诗的评论和圈点,他对各位诗人的评论是客观公正的。正如老诗人臧克家所说:"作为诗人,他当然有所偏爱,但作为诗论家，他是评价公允的。"① 例如，他提出对韩愈"一分为二为宜"②，但又认为"韩愈以文为诗，有些人说他完全不知诗，则未免太过，如《山石》《衡岳》《八月十五酬张功曹》之类，还是可以的。③" 又如，他认为"李义山无题诗现在难下断语，暂时存疑可也。④" 这都是实事求是的科学态度。

① 陈明新编著：《领袖情——毛泽东与周世钊》，中共中央党校出版社1997年版，第183页。

② 何其芳：《毛泽东之歌》，《何其芳文集》第三卷，人民文学出版社1983年版，第131页。

③ 《建国以来毛泽东文稿》第七册，中央文献出版社1992版，第77页。

④ 吴晓梅、刘蓬：《毛泽东走出红墙》，中共中央党校出版社1997年版，第57页。

后　记

　　本书是一部集体著作，多人分工合作而成。

　　选目由本人选定，毛泽东评点、圈阅唐诗的资料亦由本人搜集、整理，全部书稿最后也是本人改定。

　　本书初稿由多人分头执笔撰写。参加撰写初稿的除本人以外，还有毕英男、毕国民、毕晓莹、东民、孙瑾、赵悦、赵善修、赵庆华、朱东方、许娜、张涛、张豫东、张昌在、张瑞华、王汇涓、范冬冬、范登高、李会平、闫青等同志。资料工作则由赵玉玲、刘磊同志担任。

毕桂发

2023 年冬